MARTINIQUE ET GUADELOUPE.

ORDONNANCE DU ROI

CONCERNANT

LE GOUVERNEMENT DE LA MARTINIQUE

ET CELUI

DE LA GUADELOUPE ET DE SES DÉPENDANCES.

F

ORDONNANCE DU ROI

CONCERNANT

LE GOUVERNEMENT DE LA MARTINIQUE

ET CELUI

DE LA GUADELOUPE ET DE SES DÉPENDANCES.

(9 FÉVRIER 1827.)

PARIS.

IMPRIMERIE IMPÉRIALE.

—

1858.

ORDONNANCE DU ROI

CONCERNANT

LE GOUVERNEMENT DE L'ÎLE DE LA MARTINIQUE

ET CELUI

DE L'ÎLE DE LA GUADELOUPE ET DE SES DÉPENDANCES.

A Paris, le 9 février 1827.

CHARLES, par la grâce de Dieu, Roi de France et de Navarre, à tous ceux qui ces présentes verront, salut.

Sur le rapport de notre ministre secrétaire d'État de la marine et des colonies, et de l'avis de notre conseil,

Nous avons ordonné et ordonnons ce qui suit :

TITRE PREMIER.

FORMES DU GOUVERNEMENT.

ARTICLE PREMIER.

Le commandement général et la haute administration de chacune des colonlies de a Martinique et de la Guadeloupe sont confiés à un gouverneur.

1.

ART. 2.

Un commandant militaire est chargé, sous les ordres du gouverneur, du commandement des troupes et des autres parties du service militaire que le gouverneur lui délègue.

ART. 3.

Trois chefs d'administration, savoir : un ordonnateur, un directeur général de l'intérieur, un procureur général du Roi, dirigent, sous les ordres du gouverneur, les différentes parties du service.

ART. 4.

Un contrôleur colonial veille à la régularité du service administratif, et requiert, à cet effet, l'exécution des lois, ordonnances et règlements.

ART. 5.

Un conseil privé, placé près du gouverneur, éclaire ses décisions ou participe à ses actes dans les cas déterminés.

ART. 6.

Un conseil général donne annuellement son avis sur les budgets et les comptes des recettes et des dépenses coloniales et municipales, et fait connaître les besoins et les vœux de la colonie.

TITRE II.

DU GOUVERNEUR.

CHAPITRE PREMIER.

DISPOSITIONS PRÉLIMINAIRES.

ART. 7.

§ 1er. Le gouverneur est le dépositaire de notre autorité dans la colonie.

Ses pouvoirs sont réglés par nos ordonnances.

§ 2. Nos ordres sur toutes les parties du service lui sont transmis par notre ministre secrétaire d'État de la marine et des colonies.

§ 3. Le gouverneur exerce l'autorité militaire seul et sans partage.

Il exerce l'autorité civile avec ou sans la participation du conseil privé. Les cas où cette participation est nécessaire sont réglés au titre VI [1].

CHAPITRE II.
DES POUVOIRS MILITAIRES DU GOUVERNEUR.

ART. 8.

Le gouverneur est chargé de la défense intérieure et extérieure de la colonie et de ses dépendances.

ART. 9.

§ 1er. Il a le commandement supérieur et l'inspection générale des troupes de toutes armes dans l'étendue de son gouvernement; il ordonne leurs mouvements et veille à la régularité du service et de la discipline.

§ 2. Il a l'inspection générale des armes, de l'artillerie, des fortifications et des ouvrages de défense.

ART. 10.

Le gouverneur a le commandement général des milices, et ordonne tout ce qui est relatif à leur levée, leur organisation, leur service et leur discipline.

[1] Pour faciliter l'application de l'ordonnance, on a indiqué par un astérisque (*) les cas où le gouverneur prend l'avis du conseil, mais sans être tenu de s'y conformer;

Et par deux astérisques (*) les cas où le gouverneur agit conformément aux décisions du conseil.

ART. 11.

Il a sous ses ordres ceux de nos bâtiments qui sont attachés au service de la colonie, et en dirige les mouvements.

ART. 12.

§ 1er. Les commandants de nos vaisseaux ou escadres en station ou en mission, mouillés dans les ports ou sur les rades de la colonie et de ses dépendances, sont tenus, toutes les fois qu'ils en sont requis par le gouverneur, de convoyer, à leur retour en Europe, les bâtiments marchands, et de concourir à toutes les mesures qui intéressent la sûreté de la colonie, à moins d'instructions spéciales qui ne leur permettent pas d'obtempérer à ces réquisitions.

§ 2. Les commandants desdits vaisseaux et escadres exercent sur les rades de la colonie la police qui leur est attribuée par les ordonnances de la marine, en se conformant aux règlements locaux et aux instructions particulières du gouverneur; mais ils n'exercent à terre aucune autorité.

ART. 13.

§ 1er. Lorsque, des forces ennemies étant en présence, il y a danger imminent d'une attaque, ou lorsqu'une insurrection à main armée a éclaté dans l'île, la colonie peut être déclarée en état de siége.

§ 2. Pendant la durée de l'état de siége, le gouverneur exerce sous sa responsabilité personnelle toute l'autorité civile, sans la participation obligée du conseil privé.

§ 3. L'état de siége est levé aussitôt que les circonstances qui l'ont motivé ont cessé.

§ 4. Le gouverneur déclare ou lève l'état de siége, après avoir pris l'avis d'un conseil de défense, et sans être tenu de s'y arrêter.

§ 5. Le conseil de défense est convoqué et présidé par le gouverneur.

Il est composé du gouverneur, du commandant militaire, de l'ordonnateur, du commandant des forces navales, de l'officier chargé de la direction de l'artillerie, et de l'officier chargé de la direction du génie.

ART. 14.

§ 1er. Le gouverneur, en conformité des ordonnances, forme et convoque les conseils de guerre, et y fait traduire les militaires de toutes armes prévenus de crimes ou délits.

§ 2. Il ne peut rendre les habitants, et autres individus non militaires, justiciables de ces tribunaux, si ce n'est pour des faits relatifs à leur service dans la milice, et seulement quand la colonie est en état de siége; mais alors les tribunaux militaires sont composés, indépendamment du président, d'un nombre égal d'officiers de l'armée et d'officiers de milice.

CHAPITRE III.
DES POUVOIRS ADMINISTRATIFS DU GOUVERNEUR.

ART. 15.

Le gouverneur a la direction supérieure de l'administration de la marine, de la guerre et des finances, et des différentes branches de l'administration intérieure.

ART. 16.

§ 1er. Il donne les ordres généraux concernant :

Les approvisionnements à faire pour tous les besoins du service;

L'exécution des travaux maritimes, militaires et civils, conformément aux devis arrêtés;

Les constructions et réparations des bâtiments flottants;

L'armement et le désarmement des bâtiments attachés au service local;

La délivrance des matières et des munitions;

La délivrance des vivres pour la nourriture des troupes de toutes armes et des autres rationnaires.

§ 2. Il fixe le nombre des ouvriers à employer aux divers travaux, et règle les tarifs de solde.

§ 3. Il inspecte les casernes, hôpitaux, magasins, chantiers, ateliers et tous autres établissements publics.

ART. 17.

§ 1er. Le gouverneur exerce une haute surveillance sur la police de la navigation.

§ 2. Il permet ou défend aux bâtiments venant du dehors la communication avec la terre.

§ 3 (*). Il donne, lorsqu'il y a lieu, les ordres d'embargo.

§ 4. Il accorde les permis de départ aux navires marchands, lorsqu'ils ont rempli les formalités prescrites par les règlements.

§ 5. Il commissionne les capitaines au grand cabotage, après qu'ils ont satisfait aux dispositions des ordonnances.

§ 6 (**). Il délivre les actes de francisation, en se conformant aux ordonnances et aux instructions du ministre de la marine.

ART. 18.

§ 1er. En temps de guerre, le gouverneur délivre des lettres de marque, ou proroge la durée de celles qui ont été délivrées en Europe, en se conformant aux dispositions des lois et règlements sur la course.

§ 2 (*). Il détermine l'envoi des bâtiments parlementaires, et les commissionne.

ART. 19.

Les prises conduites dans les ports ou sur les rades de la colonie et de ses dépendances sont jugées, sauf l'appel en France, par une commission composée du gouverneur, de l'ordonnateur, du procureur général, du contrôleur colonial, et de l'officier de l'administration de la marine le plus élevé en grade. Ses jugements sont rendus dans les formes et de la manière déterminées par les lois et règlements.

Le gouverneur convoque et préside cette commission.

ART. 20.

(**) Le gouverneur arrête, chaque année, pour être soumis à l'approbation de notre ministre de la marine :

L'état des dépenses à faire dans la colonie pour le service à la charge de la métropole;

Le projet de budget des recettes et des dépenses coloniales;

Les projets de travaux de toute nature;

L'état des approvisionnements dont l'achat doit être fait dans la colonie, ou l'envoi effectué par la métropole.

ART. 21.

§ 1er (**). Les mémoires, plans et devis relatifs aux travaux projetés sont soumis à l'approbation de notre ministre de la marine, lorsque la dépense proposée excède cinq mille francs et qu'elle doit être supportée par la métropole, ou lorsque cette dépense, étant à la charge de la colonie, excède dix mille francs.

§ 2 (**). Le gouverneur arrête les plans et devis relatifs aux travaux dont la dépense est inférieure aux sommes fixées ci-dessus.

ART. 22.

Le gouverneur pourvoit à l'exécution du budget arrêté par le ministre de la marine.

ART. 23.

§ 1er (**). Il émet les ordonnances annuelles de contributions, rend les rôles exécutoires, et statue sur les demandes en dégrèvement; mais il ne peut, en matière de contributions indirectes, accorder ni remise, ni modération de droits.

§ 2 (**). Il arrête les mercuriales pour la perception des droits de douane.

§ 3. Il se fait rendre compte du recouvrement des contributions, tient la main à ce que les rentrées s'opèrent régulièrement, comme aussi à ce qu'il ne soit fait aucune autre perception que celles qui sont autorisées par les ordonnances, et fait poursuivre les contrevenants.

§ 4. Il se fait également rendre compte des contraventions aux ordonnances et règlements sur les contributions, sur les douanes et sur le commerce étranger; il tient la main à ce que les poursuites nécessaires soient exercées.

ART. 24.

§ 1er (*). Il émet les ordonnances mensuelles pour la répartition des fonds.

§ 2 (*). Il autorise, dans les limites de ses instructions, le tirage des traites en remboursement des avances faites par le trésor de la colonie pour le service à la charge de la métropole.

§ 3. Il se fait rendre compte de la situation des différentes caisses, et ordonne toutes vérifications extraordinaires qu'il juge nécessaires.

ART. 25.

(*) Le gouverneur arrête, chaque année, et transmet à notre ministre de la marine :

Les comptes généraux des recettes et des dépenses effectuées pour tous les services;

Les comptes d'application, en matières et en main-d'œuvre;

Les inventaires généraux.

ART. 26.

§ 1er (*). Il convoque le conseil général de la colonie et les conseils municipaux, et fixe la durée de leurs sessions.

Il détermine l'objet des délibérations des conseils municipaux et celui des sessions extraordinaires du conseil général.

§ 2 (**). Il prononce, lorsqu'il y a lieu, la suspension des sessions de ces conseils, à la charge d'en rendre compte à notre ministre secrétaire d'État de la marine.

§ 3 (**). Il approuve et rend exécutoires les budgets des recettes et dépenses municipales, et les projets de travaux à la charge des communes.

Il arrête définitivement et transmet au ministre les comptes annuels des communes.

ART. 27.

§ 1er (*). Il statue, par des dispositions générales, sur la répartition, dans les différents ateliers, des noirs appartenant à la colonie, et veille à l'exécution des règlements sur l'administration, l'emploi et la destination de ces noirs.

§ 2 (*). Il ordonne, lorsque des besoins extraordinaires l'exigent, des réquisitions de noirs et de charrois ou autres moyens de transport.

ART. 28.

§ 1er. Le gouverneur prend connaissance de l'état et des besoins de l'agriculture, et pourvoit à tout ce qui peut en accroître et en améliorer les produits.

§ 2 (*). Il distribue les primes et encouragements accordés par le Gouvernement.

ART. 29.

§ 1er. Il veille à l'exécution des ordonnances et règlements sur le régime des esclaves, et ordonne les poursuites contre les contrevenants.

§ 2 (*). Il signale au ministre de la marine, comme dignes de nos grâces, les habitants qui s'occupent avec le plus de succès de répandre l'instruction religieuse parmi les esclaves, qui en-

2.

couragent et facilitent entre eux les unions légitimes, et qui pourvoient avec le plus de soin à la nourriture, à l'habillement et au bien-être de leurs ateliers.

ART. 30.

§ 1ᵉʳ. Le gouverneur tient la main à l'exécution des ordonnances et règlements concernant les gens de couleur, libres et affranchis.

§ 2 (**). Il donne, en se conformant aux règles établies, les permissions pour l'affranchissement des esclaves, et délivre les titres de liberté.

ART. 31.

§ 1ᵉʳ. Le gouverneur se fait rendre compte des mouvements du commerce, et prend les mesures qui sont en son pouvoir pour en encourager les opérations et en favoriser les progrès.

§ 2 (**). Il tient la main à la stricte exécution des ordonnances qui déterminent les droits et priviléges des bâtiments nationaux, et ne permet l'admission, dans la colonie, des bâtiments étrangers et de leurs cargaisons, que dans les limites qui lui sont tracées par les ordonnances.

§ 3 (**). Il règle les tarifs du prix des charrois et des transports par chaloupes et pirogues.

§ 4 (**). Il soumet au ministre de la marine les demandes ayant pour objet l'établissement des sociétés anonymes.

ART. 32.

(**) Le gouverneur se fait rendre compte de l'état des approvisionnements généraux de la colonie, défend ou permet, selon qu'il y a lieu, l'exportation des grains, légumes, bestiaux et autres objets de subsistance, et prend, en cas de disette, les mesures pour leur introduction, en se conformant aux ordonnances.

ART. 33.

(*) Il adresse annuellement au département de la marine les tableaux statistiques de la population, ceux qui sont relatifs à l'agriculture, ainsi que les états d'importations et d'exportations.

ART. 34.

§ 1er (**). Il propose au ministre de la marine les acquisitions d'immeubles pour le compte de l'État ou de la colonie, et les échanges de propriétés publiques; il statue définitivement à l'égard des acquisitions et des échanges d'une valeur au-dessous de trois mille francs, et en rend compte au ministre.

§ 2 (**). Il ne peut faire aucune concession. Lorsqu'il y a lieu, il propose au ministre l'aliénation des terrains et emplacements vacants, et des autres propriétés publiques qui ne sont pas nécessaires au service; si la vente en est autorisée, elle a lieu avec concurrence et publicité.

Aucune portion des cinquante pas géométriques réservés sur le littoral ne peut être échangée ni aliénée.

§ 3. Il veille à ce que des poursuites soient exercées pour la révocation des concessions et pour leur retour au domaine, lorsque les concessionnaires n'ont pas rempli leurs obligations.

ART. 35.

(*) Il se fait rendre compte de l'administration du curateur aux successions vacantes.

ART. 36.

§ 1er. Le gouverneur surveille tout ce qui a rapport à l'instruction publique.

§ 2 (**). Aucun collége, aucune école ou autre institution du même genre, ne peuvent être formés sans son autorisation.

§ 3 (*). Il nomme aux bourses établies dans les pensionnats

royaux de la colonie, et propose au ministre les candidats pour celles qui sont accordées aux jeunes colons de l'un et de l'autre sexe dans les établissements de la métropole.

ART. 37.

§ 1er. Le gouverneur veille au libre exercice et à la police extérieure du culte, et pourvoit à ce qu'il soit entouré de la dignité convenable.

§ 2. Aucun bref de la cour de Rome, à l'exception de ceux de pénitencerie, ne peut être reçu ni publié dans la colonie, qu'avec l'autorisation du gouverneur, donnée d'après nos ordres.

ART. 38.

Le gouverneur tient la main à ce qu'aucune congrégation ou communauté religieuse ne s'établisse dans la colonie, et n'y reçoive des novices, sans notre autorisation spéciale.

ART. 39.

§ 1er (**). Le gouverneur accorde les dispenses de mariage dans les cas prévus par les articles 145 et 164 du Code civil, et en se conformant aux règles prescrites à cet égard.

§ 2. Il se fait rendre compte de l'état des églises et des lieux de sépulture, de la situation des fonds des fabriques et de leur emploi.

§ 3 (*). Il propose au Gouvernement l'acceptation des dons et legs pieux ou de bienfaisance dont la valeur est au-dessus de mille francs.

§ 4 (**). Il autorise, s'il y a lieu, l'acceptation de ceux qui sont au-dessous de cette valeur, et en rend compte au ministre de la marine.

ART. 40.

§ 1er. Le gouverneur pourvoit à la sûreté et à la tranquillité de la colonie; il maintient ses habitants dans la fidélité et l'obéissance qu'ils nous doivent.

§ 2. Tous les faits et événements de nature à troubler l'ordre ou la tranquillité de la colonie sont portés immédiatement à sa connaissance.

ART. 41.

Il accorde les passe-ports, congés, permis de débarquement et de séjour, en se conformant aux règles établies.

ART. 42.

§ 1er (*). Le gouverneur ordonne les mesures générales relatives à la police sanitaire, tant à l'intérieur qu'à l'extérieur de la colonie.

§ 2 (**). Il prescrit l'établissement, la levée et la durée des quarantaines et des cordons sanitaires : il fixe les lieux de lazarets.

§ 3. Les officiers de santé et pharmaciens non attachés au service ne peuvent exercer dans la colonie qu'en vertu d'une autorisation délivrée par le gouverneur, et qu'après avoir rempli les formalités prescrites par les ordonnances et règlements.

ART. 43.

Le gouverneur veille à la répression de la traite des noirs, et ordonne l'arrestation des bâtiments prévenus de contravention.

ART. 44.

§ 1er. Il surveille l'usage de la presse.

§ 2 (*). Il commissionne les imprimeurs, donne les autorisations de publier les journaux, et les révoque en cas d'abus.

§ 3. Aucun écrit autre que les jugements, arrêts et actes publiés par autorité de justice, ne peut être imprimé dans la colonie sans sa permission.

ART. 45.

§ 1er. Le gouverneur a dans ses attributions les mesures de haute police.

§ 2. Il a le droit de mander devant lui, lorsque le bien du service ou le bon ordre l'exige, tout habitant, négociant, ou autre individu qui se trouve dans l'étendue de son gouvernement.

§ 3. Il écoute et reçoit les plaintes et griefs qui lui sont adressés individuellement par les habitants de la colonie, et en rend compte exactement au ministre de la marine, comme aussi des mesures qu'il a prises pour y porter remède.

§ 4. Il pourvoit à ce qu'il lui soit immédiatement rendu compte de l'arrestation de tout individu qui a été arrêté par mesure de haute police.

Il peut interroger ou faire interroger le prévenu, et doit, dans les vingt-quatre heures, ou le faire élargir, ou le faire remettre entre les mains de la justice réglée, sauf le cas où il est procédé contre lui extrajudiciairement, conformément à l'article 75.

§ 5. Le gouverneur interdit ou dissout les réunions ou assemblées qui peuvent troubler l'ordre public, s'oppose aux adresses collectives et autres du même genre, quel qu'en soit l'objet, et réprime toute entreprise qui tend à affaiblir le respect dû aux dépositaires de l'autorité.

CHAPITRE IV.

DES POUVOIRS DU GOUVERNEUR RELATIVEMENT A L'ADMINISTRATION DE LA JUSTICE.

—

ART. 46.

Le gouverneur veille à la libre et prompte distribution de la justice, et se fait rendre, à cet égard, par le procureur général, des comptes périodiques, qu'il transmet au ministre de la marine.

ART. 47.

Il a entrée à la cour royale, et y occupe le fauteuil du Roi pour faire enregistrer les ordonnances royales, ou pour faire connaître nos ordres. Il a également entrée et séance à la cour lors de la rentrée des tribunaux.

L'exercice de ce droit est facultatif.

ART. 48.

§ 1er. Il lui est interdit de s'immiscer dans les affaires qui sont de la compétence des tribunaux, et de citer devant lui aucun des habitants de la colonie à l'occasion de leurs contestations, soit en matière civile, soit en matière criminelle.

§ 2. Il lui est également interdit de s'opposer à aucune procédure civile ou criminelle.

ART. 49.

En matière civile, il ne peut empêcher ni retarder l'exécution des jugements et arrêts, à laquelle il est tenu de prêter mainforte lorsqu'il en est requis.

ART. 50.

(**) En matière criminelle, il ordonne en conseil privé l'exécution de l'arrêt de condamnation, ou prononce le sursis lorsque le conseil décide qu'il y a lieu de recourir à notre clémence.

ART. 51.

(**) Il peut faire surseoir aux poursuites ayant pour objet le payement des amendes, lorsque l'insolvabilité des contrevenants est reconnue, à la charge d'en rendre compte au ministre de la marine, qui statue définitivement.

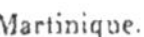

Martinique.   3

ART. 52.

Il rend exécutoires les jugements administratifs prononcés par le conseil privé, conformément aux dispositions des sections IV et V du chapitre III, titre VI.

ART. 53.

§ 1er. Il légalise les actes à transmettre hors de la colonie.

Il légalise également les actes venant de l'étranger.

§ 2. Il se fait remettre et adresse au ministre de la marine les doubles minutes des actes destinés au dépôt des chartes et archives coloniales.

CHAPITRE V.

DES POUVOIRS DU GOUVERNEUR À L'ÉGARD DES FONCTIONNAIRES ET DES AGENTS DU GOUVERNEMENT.

—

ART. 54.

Tous les fonctionnaires et les agents du gouvernement dans la colonie sont soumis à l'autorité du gouverneur.

ART. 55.

Son autorité sur les ministres de la religion s'exerce conformément aux ordonnances, édits et déclarations; mais la surveillance spirituelle et la discipline ecclésiastique appartiennent au préfet apostolique ou autre supérieur ecclésiastique.

ART. 56.

Il exerce une haute surveillance sur les membres de l'ordre judiciaire; il a le droit de les reprendre, et il prononce sur les faits de discipline, conformément aux ordonnances.

ART. 57.

§ 1ᵉʳ. Le commandant militaire et les chefs d'administration sont placés sous son autorité immédiate.

§ 2. Il peut déléguer au commandant militaire une partie des attributions militaires dont il est investi.

§ 3. Le gouverneur donne aux chefs d'administration les ordres généraux relatifs aux différentes parties du service. Ils peuvent individuellement lui faire les représentations respectueuses ou les propositions qu'ils jugent utiles au bien de notre service : le gouverneur les reçoit, y fait droit s'il y a lieu, ou leur fait connaître par écrit les motifs de son refus.

ART. 58.

Le gouverneur maintient les chefs d'administration et le contrôleur colonial dans les attributions qui leur sont respectivement conférées, sans pouvoir lui-même entreprendre sur ces attributions, ni les modifier.

ART. 59.

(*) Il prononce sur les différends qui peuvent s'élever entre les fonctionnaires de la colonie à l'occasion de leur rang ou de leurs prérogatives.

ART. 60.

Aucun fonctionnaire public ou agent salarié ne peut contracter mariage dans la colonie sans l'autorisation du gouverneur, à peine de révocation.

ART. 61.

§ 1ᵉʳ (**). Le gouverneur statue en conseil sur l'autorisation à donner pour la poursuite, dans la colonie, des agents du gouvernement prévenus de crimes ou délits commis dans l'exercice de leurs fonctions.

3.

§ 2 (**). Cette autorisation n'est pas nécessaire pour commencer l'instruction dans les cas de flagrant délit; mais la mise en jugement ne peut avoir lieu que sur l'autorisation du gouverneur donnée en conseil.

§ 3. Il rend compte immédiatement des décisions qui ont été prises à notre ministre de la marine, qui statue sur les réclamations des parties, lorsque les poursuites ou la mise en jugement n'ont point été autorisées.

ART. 62.

§ 1er. Aucun emploi nouveau ne peut être créé dans la colonie que par notre ordre ou par celui de notre ministre de la marine.

§ 2 (*). Le gouverneur pourvoit provisoirement, en cas d'urgence, et en se conformant aux règles du service, aux vacances qui surviennent dans les emplois qui sont à notre nomination ou à celle de notre ministre de la marine; mais il ne peut conférer aux intérimaires le grade ou le titre des fonctions qui leur sont confiées.

Il peut cependant, en temps de guerre, donner provisoirement les grades ou titres des emplois vacants, et en délivrer les commissions temporaires.

§ 3. Il pourvoit définitivement à tous les emplois qui ne sont pas à notre nomination ou à celle de notre ministre de la marine, à la réserve de ceux des agents inférieurs qui sont nommés par les chefs d'administration, ainsi qu'il sera déterminé aux articles 110, 125 et 131, § 9.

§ 4. Il révoque ou destitue les agents nommés par lui.

ART. 63.

§ 1er (*). Il adresse au ministre les propositions relatives aux retraites, demi-soldes ou pensions.

§ 2 (**). Il peut en autoriser le payement provisoire, mais seulement dans les limites déterminées.

ART. 64.

Il se fait remettre tous les ans, par le commandant militaire, par les chefs d'administration et par le contrôleur, chacun en ce qui le concerne, des notes sur la conduite et la capacité des fonctionnaires, officiers et employés de tout grade. Il fait parvenir ces notes au ministre de la marine, avec ses observations.

Il lui transmet des renseignements de même nature sur le commandant militaire, sur les chefs d'administration et sur le contrôleur colonial.

CHAPITRE VI.

DES RAPPORTS DU GOUVERNEUR AVEC LES GOUVERNEMENTS ÉTRANGERS.

———

ART. 65.

§ 1er. Le gouverneur communique, en ce qui concerne la colonie qu'il administre, avec les gouvernements du continent et des îles de l'Amérique.

§ 2 (*). Il négocie, lorsqu'il y est autorisé, et dans les limites de ses instructions, toutes conventions commerciales ou autres; mais il ne peut, dans aucun cas, les conclure que sauf notre ratification.

§ 3 (*). Il traite des cartels d'échange.

CHAPITRE VII.

DES POUVOIRS DU GOUVERNEUR A L'ÉGARD DE LA LÉGISLATION COLONIALE.

———

ART. 66.

§ 1er. Le gouverneur promulgue les lois, ordonnances, arrêtés et règlements, et en ordonne l'enregistrement.

§ 2. Les lois, ordonnances et règlements de la métropole ne peuvent être rendus exécutoires dans la colonie que par notre ordre.

ART. 67.

(**) Le gouverneur arrête en conseil les règlements d'administration et de police, les décisions et instructions réglementaires, en exécution des ordonnances et des ordres ministériels, et les rend exécutoires.

Ces règlements, décisions et instructions, portent la formule : « Nous gouverneur de l'île (de la Martinique, ou de la Guadeloupe « et de ses dépendances), de l'avis du conseil privé, avons arrêté « et arrêtons ce qui suit. »

ART. 68.

(**) Lorsque le gouverneur juge utile d'introduire dans la législation coloniale des modifications ou des dispositions nouvelles, il prépare en conseil les projets d'ordonnances royales, et les transmet au ministre de la marine, qui lui fait connaître nos ordres.

ART. 69.

(*) Le gouverneur peut faire des proclamations conformes aux lois et ordonnances, et pour leur exécution.

CHAPITRE VIII.
DES POUVOIRS EXTRAORDINAIRES DU GOUVERNEUR.

———

ART. 70.

Le gouverneur exerce en conseil privé, dans la forme et dans les limites prescrites au titre VI, chapitre III, section V, les pouvoirs extraordinaires qui lui sont conférés ci-après.

ART. 71.

Le gouverneur peut modifier ou changer les dispositions du budget arrêté par notre ministre de la marine, lorsque des circonstances extraordinaires, survenues depuis l'envoi de ce budget, rendent ces modifications ou ces changements indispensables.

ART. 72.

Les projets d'ordonnances qui, aux termes de l'article 68, doivent être soumis à notre approbation, peuvent provisoirement être rendus exécutoires par le gouverneur, lorsque le conseil reconnaît qu'il y a nécessité absolue, et qu'il y aurait de graves inconvénients à attendre notre décision.

Les arrêtés pris dans ce cas ne sont exécutoires que pendant une année au plus, si notre décision n'est pas connue avant l'expiration de ce délai.

Ils portent la formule suivante :

« AU NOM DU ROI.

« Nous gouverneur de l'île (de la Martinique, ou de la Guade« loupe et de ses dépendances), de l'avis du conseil privé, avons « arrêté et arrêtons ce qui suit, pour être exécuté pendant une « année, à moins qu'il n'en soit autrement ordonné par Sa Majesté. »

ART. 73.

Le gouverneur peut même, sans s'arrêter à l'avis émis par le conseil privé sur ces projets d'ordonnances, les rendre exécutoires, lorsque la sûreté de la colonie l'exige, et qu'il y aurait un danger imminent à attendre nos ordres.

Les arrêtés qu'il rend alors ne sont également exécutoires que pendant une année au plus.

Ils portent la formule suivante :

« AU NOM DU ROI.

« Nous gouverneur de l'île (de la Martinique, ou de la Guade« loupe et de ses dépendances), le conseil privé entendu, avons « arrêté et arrêtons ce qui suit, pour être exécuté pendant une

« année, à moins qu'il n'en soit autrement ordonné par Sa Ma-
« jesté. »

Le gouverneur révoque ces arrêtés, sans attendre nos ordres,
lorsque les circonstances qui les ont nécessités ont cessé.

ART. 74.

Le gouverneur ne peut annuler ou modifier par des arrêtés
les ordonnances concernant :

L'état des personnes,

La législation civile et criminelle,

L'organisation judiciaire,

Le système monétaire,

Le régime commercial, si ce n'est en cas de guerre.

ART. 75.

§ 1er. Dans les circonstances graves, et lorsque le bon ordre ou
la sûreté de la colonie le commande, le gouverneur peut prendre,
à l'égard des individus de condition libre qui compromettent
ou troublent la tranquillité publique, les mesures ci-après,
savoir :

1° L'exclusion pure et simple d'un des cantons de la colonie;

2° La mise en surveillance dans un canton déterminé.

Ces mesures ne peuvent être prononcées que pour deux années
au plus. Pendant ce temps, les individus qui en sont l'objet ont
la faculté de s'absenter de la colonie.

3° L'exclusion de la colonie, à temps ou illimitée.

Cette mesure ne peut être prononcée que pour des actes tendan-
dant à attaquer le régime constitutif de la colonie.

Les individus nés, mariés ou propriétaires dans la colonie, ne
peuvent en être exclus pour plus de sept années.

A l'égard des autres, l'exclusion peut être illimitée.

§ 2. Les individus qui, pendant le temps déterminé pour leur exclusion, rentreraient dans la colonie, et ceux qui se soustrairaient à la surveillance déterminée par le paragraphe qui précède, seront jugés pour ce fait par les tribunaux ordinaires.

ART. 76.

Les esclaves reconnus dangereux pour la tranquillité de la colonie sont envoyés par le gouverneur au Sénégal, et remis à la disposition de l'autorité locale, sauf à indemniser le propriétaire, sans que l'indemnité puisse excéder celle qui est fixée par les règlements pour les noirs justiciés, et sans qu'elle puisse être acquise pour l'esclave infirme ou âgé de plus de soixante ans.

ART. 77.

Le gouverneur peut refuser aux individus signalés par leur mauvaise conduite le droit de tenir des boutiques, échoppes ou cantines.

ART. 78.

Le gouverneur peut refuser l'admission dans la colonie des individus dont la présence y est jugée dangereuse.

ART. 79.

§ 1er. Dans le cas où un fonctionnaire civil ou militaire, nommé par nous ou par notre ministre de la marine, aurait tenu une conduite tellement répréhensible, qu'il ne pût être maintenu dans l'exercice de ses fonctions, si d'ailleurs il n'y avait pas lieu à le traduire devant les tribunaux, ou si une procédure régulière offrait de graves inconvénients, le gouverneur peut prononcer la suspension provisoire de ce fonctionnaire, jusqu'à ce que notre ministre de la marine lui ait fait connaître nos ordres.

§ 2. Toutefois, à l'égard du commandant militaire, des chefs d'administration, du contrôleur, des membres de l'ordre judiciaire et des chefs de corps qui seraient dans le cas prévu ci-dessus, le gouverneur, avant de proposer au conseil aucune mesure à leur égard, doit leur faire connaître les griefs existants contre eux et leur offrir les moyens de passer en France pour rendre compte de leur conduite au ministre de la marine. Leur suspension ne peut être prononcée qu'après qu'ils se sont refusés à profiter de cette faculté.

Il leur est loisible, lors même qu'ils ont été suspendus, de demander au gouverneur un passage pour France aux frais du gouvernement. Il ne peut leur être refusé.

§ 3. Le gouverneur fait connaître par écrit au fonctionnaire suspendu les motifs de la décision prise à son égard.

§ 4. Il peut lui interdire la résidence du chef-lieu, ou lui assigner le canton de la colonie dans lequel il doit résider pendant le temps de sa suspension.

§ 5. La suspension provisoire ne peut entraîner la privation de plus de moitié du traitement.

ART. 80.

§ 1er. Le gouverneur rend compte immédiatement au ministre de la marine des mesures qu'il a prises en vertu de ses pouvoirs extraordinaires, et lui en adresse toutes les pièces justificatives, afin qu'il y soit statué définitivement.

§ 2. Les individus de condition libre auquel les mesures autorisées par le présent chapitre auront été appliquées pourront, dans tous les cas, se pourvoir auprès de notre ministre de la marine à l'effet d'obtenir de nous qu'elles soient rapportées ou modifiées.

ART. 81.

Le gouverneur a seul l'initiative des mesures à prendre en vertu des pouvoirs extraordinaires qui lui sont conférés; il en est personnellement responsable, nonobstant la participation du conseil privé à ses actes.

CHAPITRE IX.
DE LA RESPONSABILITÉ DU GOUVERNEUR.

ART. 82.

§ 1er. Le gouverneur peut être poursuivi pour trahison, concussion, abus d'autorité, ou désobéissance à nos ordres.

§ 2. Toutefois, en ce qui concerne l'administration de la colonie, il ne peut, sauf l'exception portée en l'article 81, être recherché que pour les mesures qu'il a prises contre l'avis du conseil privé, dans le cas où ce conseil doit être consulté, ou pour celles qu'il a prises ou refusé de prendre en opposition aux représentations ou aux propositions des chefs d'administration.

ART. 83.

§ 1er. Soit que les poursuites aient lieu à la requête du gouvernement, soit qu'elles s'exercent sur la plainte d'une partie intéressée, il y est procédé conformément aux règles prescrites en France à l'égard des agents du gouvernement.

§ 2. Dans le cas où le gouverneur est recherché pour dépenses indûment ordonnées en deniers, matières ou main-d'œuvre, il y est procédé administrativement.

ART. 84.

§ 1er. Le gouverneur ne peut, pour quelque cause que ce soit, être ni actionné ni poursuivi dans la colonie pendant l'exercice de ses fonctions.

§ 2. Toute action dirigée contre lui sera portée devant les tribunaux de France, suivant les formes prescrites par les lois de la métropole.

§ 3. Aucun acte, aucun jugement, ne peuvent être mis à exécution contre le gouverneur dans la colonie.

4.

CHAPITRE X.

DISPOSITIONS DIVERSES RELATIVES AU GOUVERNEUR.

ART. 85.

Le gouverneur visite, une fois l'an au moins, les divers cantons de la colonie. Il assemble et inspecte les milices, réunit les conseils municipaux et ceux des fabriques, pour connaître les besoins des communes et ceux du culte. Il examine l'état des travaux entrepris, celui des routes, ponts, embarcadères et ouvrages de défense. Il prend connaissance de tout ce qui intéresse l'agriculture et le commerce, et informe le ministre de la marine du résultat de ses tournées.

ART. 86.

Le gouverneur adresse, chaque année, au ministre de la marine, un mémoire sur la situation intérieure de la colonie et sur ses relations à l'extérieur; il y rend un compte général de toutes les parties de l'administration qui lui est confiée, signale les abus à réformer, fait connaître les améliorations qui se sont opérées dans l'année, et propose ses vues sur tout ce qui peut intéresser le bien de notre service ou tendre à la prospérité de la colonie.

ART. 87.

Le gouverneur ne peut, pendant la durée de ses fonctions, acquérir des propriétés foncières ni contracter mariage dans la colonie, sans notre autorisation.

ART. 88.

§ 1er. Lorsque nous jugeons convenable de rappeler le gouverneur, ses pouvoirs cessent aussitôt après le débarquement de son successeur.

§ 2. Le gouverneur remplacé fait reconnaître immédiatement son successeur en présence des autorités du chef-lieu de la colonie et à la tête des troupes.

§ 3. Il lui remet un mémoire détaillé, faisant connaître les opérations commencées ou projetées pendant son administration, et la situation des différentes parties du service.

§ 4. Il lui fournit, par écrit, des renseignements sur tous les fonctionnaires et employés du Gouvernement dans la colonie.

§ 5. Il lui remet, en outre, sur inventaire, ses registres de correspondance, et toutes les lettres et pièces officielles relatives à son administration, sans pouvoir en retenir aucune, à l'exception de ses registres de correspondance confidentielle et secrète.

ART. 89.

§ 1er. En cas de mort, d'absence ou autre empêchement, et lorsque nous n'y avons pas pourvu d'avance, le gouverneur est remplacé provisoirement par le commandant militaire.

§ 2. Au défaut du commandant militaire, le gouverneur est remplacé par l'ordonnateur.

Si, pendant que l'ordonnateur remplit l'intérim, la sûreté intérieure ou extérieure de l'île est menacée, les mouvements de troupes, ceux des bâtiments de guerre attachés au service de la colonie, et toutes les mesures militaires, sont décidés en conseil de défense.

TITRE III.

DU COMMANDANT MILITAIRE.

ART. 90.

Un officier de l'armée de terre, ayant au moins le grade de colonel, occupe, sous les ordres du gouverneur, l'emploi de commandant militaire.

ART. 91.

Il est membre du conseil privé.

ART. 92.

Les attributions du commandant militaire comprennent :
Le commandement des troupes de toutes armes;
Le commandement des milices, lorsqu'elles sont réunies;
L'inspection des troupes et des milices, en ce qui concerne la discipline, le service et l'instruction;
La visite et l'inspection des places, des forts, des quartiers, des arsenaux, des approvisionnements de guerre, des fortifications, des hôpitaux et de tous autres établissements militaires;
La police militaire.

ART. 93.

§ 1er. Il reçoit les rapports des chefs de corps et des commandants de place sur les différentes parties de leurs services, et les transmet au gouverneur, avec ses observations, s'il y a lieu.

§ 2. Il lui adresse également les rapports concernant les crimes et les délits commis par des militaires, et pourvoit à l'exécution des ordres donnés par le gouverneur pour la poursuite des prévenus et pour la réunion des conseils de guerre.

ART. 94.

§ 1er. En cas de vacances dans les emplois du service militaire, il remet au gouverneur la liste des candidats, avec des observations sur chacun d'eux.

§ 2. Il propose, s'il y a lieu, la révocation ou la destitution des agents du service militaire nommés par le gouverneur.

ART. 95.

Le commandant militaire correspond, pour le service ordinaire des milices, avec les chefs de bataillon, à qui il transmet les ordres du gouverneur.

Il reçoit d'eux les propositions aux places vacantes, et les adresse au gouverneur, avec ses observations.

ART. 96.

Il contre-signe les commissions provisoires ou définitives, les congés et les ordres qui émanent du gouverneur et qui sont relatifs aux officiers de toutes armes et aux agents militaires dépendants de son service.

ART. 97.

Il prépare, d'après les ordres du gouverneur, et présente au conseil, lorsqu'il y a lieu, les projets d'ordonnances, d'arrêtés et de règlements concernant le service militaire et celui des milices.

ART. 98.

Dans l'exercice des attributions déterminées par les précédents articles, et de celles qui peuvent lui être déléguées en outre, conformément aux dispositions des articles 2 et 57, § 2, le commandant militaire se conforme aux ordres de service donnés par le gouverneur.

ART. 99.

Le commandant militaire remet au gouverneur, à la fin de chaque année, un rapport sur toutes les parties du service des troupes, et sur la situation de la colonie, en ce qui concerne les ouvrages et les travaux de défense.

Ce rapport est transmis par le gouverneur au ministre de la marine.

ART. 100.

(*) En cas de mort, d'absence ou d'empêchement qui oblige le commandant militaire à cesser ses fonctions, et lorsque nous n'y avons pas pourvu d'avance, il est remplacé par l'officier militaire le plus élevé en grade, et, à grade égal, par le plus ancien.

TITRE IV.

DES CHEFS D'ADMINISTRATION.

CHAPITRE PREMIER.

DE L'ORDONNATEUR.

SECTION PREMIÈRE.

DES ATTRIBUTIONS DE L'ORDONNATEUR.

ART. 101.

Un officier supérieur de l'administration de la marine, remplissant les fonctions d'ordonnateur, est chargé, sous les ordres du gouverneur, de l'administration de la marine, de la guerre et du trésor; de la direction générale des travaux de toute nature (à l'exception de ceux des ponts, des routes et des travaux à la charge des communes), et de la comptabilité générale pour tous les services.

ART. 102.

Ces attributions comprennent :

§ 1er. Les approvisionnements, la recette, la garde, la conservation et la dépense des vivres, matières et munitions de toute nature, destinés pour tous les services;

§ 2. Les ordres de délivrance de vivres, munitions ou approvisionnements divers des magasins de la colonie;

§ 3. Les marchés et adjudications des ouvrages et approvisionnements pour tous les services, les ventes des magasins, l'établissement des cahiers des charges, la réception des matières et celle de tous les ouvrages, la convocation des commissions de recettes;

§ 4. La construction et l'entretien des ouvrages fondés à la mer, des travaux militaires, des bâtiments civils, à l'exception de ceux qui appartiennent aux communes;

§ 5. La construction, la refonte, le radoub, l'armement des bâtiments flottants affectés au service de la colonie; l'entretien et la réparation de ces bâtiments et de ceux qui sont en station ou en mission;

§ 6. Les mouvements des ports, la garde et la conservation des bâtiments désarmés;

§ 7. La proposition des instructions à donner aux bâtiments de mer, pataches de douanes et autres embarcations attachées au service de la colonie et destinées aux transports, à la police des côtes et rades, à la répression de la traite des noirs et du commerce interlope;

§ 8. L'établissement, l'entretien et la surveillance des signaux, vigies et phares;

§ 9. La comptabilité, tant en matières qu'en deniers, des bâtiments armés; la revue, la subsistance et la solde de leurs équipages;

§ 10. L'administration et la police des hôpitaux militaires, chantiers et ateliers, magasins, prisons militaires, casernes, lazarets, et autres établissements dépendants de la marine et de la guerre;

§ 11. La direction et l'administration de l'imprimerie du Gouvernement;

§ 12. La police administrative et la comptabilité intérieure des corps;

§ 13. La revue, la solde, la subsistance, les masses et indemnités, les fournitures de casernement et autres dépenses relatives aux troupes de toutes armes;

§ 14. La subsistance, l'entretien et le payement des prisonniers de guerre;

§ 15. Le payement des ministres du culte, des officiers judiciaires, civils et militaires, et généralement de tous les agents entretenus et non entretenus employés au service de la colonie;

§ 16. La tenue des matricules et la formation des états de services des fonctionnaires et employés de la colonie;

§ 17. L'inscription maritime; la levée, la répartition, le congédiement et le payement des marins et des ouvriers classés; la police des gens de mer;

§ 18. Le payement des salaires des ouvriers civils, libres ou esclaves, employés sur les travaux de la colonie; l'appel de ceux qui dépendent de son service;

§ 19. La subsistance des noirs de réquisition, la direction et la surveillance de ceux qui sont affectés au travaux qu'il dirige;

§ 20. L'administration, la police, la subsistance, l'entretien et l'habillement des noirs de la colonie; les gratifications et encouragements à leur donner, leur répartition entre les divers services, la direction et la surveillance spéciale de ceux attachés aux travaux et aux établissements qui sont dans ses attributions;

§ 21. La police de la navigation et des pêches maritimes, celle des ports et rades, la surveillance des pilotes, l'exécution des tarifs et règlements concernant les droits de pilotage et d'ancrage;

§ 22. Les examens à faire subir, conformément aux ordonnances, aux marins qui se présentent pour être reçus capitaines au grand cabotage; l'expédition de leurs commissions;

§ 23. L'administration et la police sanitaires, en ce qui concerne les bâtiments qui arrivent du dehors et les embarcations de mer appartenant à la colonie; le visa des patentes de santé;

§ 24. La comptabilité générale des magasins, tant pour le service à la charge de la métropole, que pour celui à la charge de la colonie;

§ 25. La régularisation des pièces portant recette ou dépense de matières;

§ 26. La surveillance et la vérification de la comptabilité en matières et en main-d'œuvre, et des comptes d'application des directions d'artillerie et du génie, des ponts et chaussées, du port et des autres services consommateurs;

§ 27. L'établissement annuel des comptes généraux de fonds et matières, des inventaires de magasins, des bâtiments et établissements publics appartenant au Roi et à la colonie, et des bâtiments de mer et embarcations attachés au service local;

§ 28. La comptabilité générale des fonds;

§ 29. La liquidation des dépenses relatives au service à la charge de la colonie ou de la métropole; la régularisation des pièces de comptabilité;

§ 30. Les projets de répartitions mensuelles de fonds;

§ 31. L'ordonnancement des dépenses partielles sur les crédits ouverts mensuellement par le gouverneur;

§ 32. Les demandes de crédits supplémentaires, à l'effet de pourvoir aux dépenses extraordinaires qui n'ont point été comprises dans les ordonnances mensuelles de répartition;

§ 33. La comptabilité des avances remboursables par la métropole;

§ 34. Les traites à fournir en remboursement de ces avances;

§ 35. La surveillance, l'inspection et la vérification de la comptabilité du trésorier et de ses préposés;

§ 36. La surveillance des versements à faire au trésor par les agents du service des finances;

§ 37. Les vérifications ordinaires et extraordinaires des caisses de tous les comptables de la colonie;

§ 38. L'administration de la caisse des invalides, des gens de mer et des prises; la surveillance spéciale de cette caisse;

§ 39. Le travail relatif aux propositions des retraites, demi-soldes ou pensions aux ayants droit, conformément aux ordonnances;

§ 40. La vente, la liquidation et la répartition des prises;

§ 41. Les bris et naufrages, les épaves de mer;

§ 42. Le projet annuel des dépenses à faire dans la colonie pour le service à la charge de la métropole;

§ 43. La rédaction du projet de budget relatif à son administration;

§ 44. La réunion des projets de budgets partiels, pièces et documents à l'appui, fournis par les autres chefs d'administration pour les recettes et les dépenses à la charge de la colonie, et la formation du projet de budget général de la colonie;

§ 45. L'exposé de la situation de son service, qui doit être présenté annuellement au conseil général.

SECTION II.

DES RAPPORTS DE L'ORDONNATEUR AVEC LE GOUVERNEUR.

ART. 103.

§ 1ᵉʳ. L'ordonnateur prend les ordres généraux du gouverneur sur toutes les parties du service qui lui est confié, dirige et surveille leur exécution, en se conformant aux lois, ordonnances, règlements et décisions ministérielles, et rend compte au gouverneur périodiquement, et toutes les fois qu'il l'exige, des actes et des résultats de son administration.

§ 2. Il l'informe immédiatement de tous les cas extraordinaires et circonstances imprévues qui intéressent son service.

ART. 104.

§ 1er. L'ordonnateur travaille et correspond seul avec le gouverneur sur les matières de ses attributions.

§ 2. Seul il reçoit et transmet ses ordres sur tout ce qui est relatif au service qu'il dirige.

§ 3. Il représente au gouverneur, toutes les fois qu'il en est requis, les registres des ordres qu'il a donnés et de sa correspondance officielle.

§ 4. Il porte à la connaissance du gouverneur, sans attendre ses ordres, les rapports qui lui sont faits par ses subordonnés, sur les abus à réformer et les améliorations à introduire dans les parties du service qui leur sont confiées.

ART. 105.

§ 1er. Il a la présentation des candidats aux places vacantes dans son administration qui sont à la nomination provisoire ou définitive du gouverneur.

§ 2. Il propose, s'il y a lieu, la suspension, la révocation ou la destitution des employés sous ses ordres, et dont la nomination émane du gouverneur.

ART. 106.

Il prépare et propose, en ce qui concerne l'administration qu'il dirige,

La correspondance générale du gouverneur avec le ministre de la marine et avec les gouvernements étrangers;

Les ordres généraux de service,

Et tous autres travaux de même nature dont le gouverneur juge à propos de le charger.

Il tient enregistrement de la correspondance générale du gouverneur relative à son service.

SECTION III.

DES RAPPORTS DE L'ORDONNATEUR AVEC LES FONCTIONNAIRES ET LES AGENTS DU GOUVERNEMENT.

ART. 107.

L'ordonnateur a sous ses ordres :

Les officiers et employés de l'administration de la marine;

Les gardes-magasins de tous les services;

Les médecins, chirurgiens et pharmaciens de la marine;

Les ingénieurs civils;

Les officiers de port;

Le trésorier de la colonie et des invalides,

Et les autres agents civils, entretenus ou non entretenus, qui, par la nature de leurs fonctions, dépendent de son service.

ART. 108.

Il donne des ordres ou adresse des réquisitions, en ce qui concerne son service:

Aux officiers commandant les bâtiments attachés à la colonie;

Aux officiers chargés des directions de l'artillerie et du génie;

Aux ingénieurs des constructions navales;

A la gendarmerie;

A tous les comptables.

ART. 109.

Il correspond avec tous les fonctionnaires et les agents du Gouvernement dans la colonie, et les requiert, au besoin, de concourir au bien du service qu'il dirige.

ART. 110.

§ 1er. Il nomme directement les agents qui relèvent de son administration et dont la solde, jointe aux autres allocations, n'excède pas quinze cents francs par an.

§ 2. Il les révoque ou les destitue, après avoir pris l'ordre du gouverneur.

ART. 111.

Il pourvoit à l'expédition des commissions provisoires ou définitives, des congés et des ordres de service qui émanent du gouverneur et qui sont relatifs aux agents placés sous ses ordres, ou à tous officiers civils et militaires dépendants du département de la marine. Il les contre-signe.

Il pourvoit à l'enregistrement des brevets, commissions, congés et ordres de service relatifs à tous les fonctionnaires et agents quelconques employés dans la colonie.

SECTION IV.

DISPOSITIONS DIVERSES RELATIVES À L'ORDONNATEUR.

——

ART. 112.

L'ordonnateur est membre du conseil privé.

ART. 113.

Il prépare et soumet au conseil, d'après les ordres du gouverneur, en ce qui est relatif au service qu'il dirige :

1° Les projets d'ordonnances, d'arrêtés et de règlements;

2° Les rapports concernant

Les plans, devis et comptes des travaux;

Les questions douteuses que présente l'application des ordonnances, arrêtés et règlements en matière administrative;

Les affaires contentieuses;

Les mesures à prendre à l'égard des fonctionnaires ou employés sous ses ordres, dans les cas prévus par les articles 61 et 79;

Les contestations entre les fonctionnaires publics à l'occasion de leurs attributions, rangs et prérogatives;

Enfin les autres affaires qui sont dans ses attributions et qui doivent être portées au conseil.

ART. 114.

Il contre-signe les arrêtés, règlements, ordres généraux de service, décisions du gouverneur en conseil, et autres actes de l'autorité locale qui ont rapport à son administration, et veille à leur enregistrement partout où besoin est.

ART. 115.

§ 1er. L'ordonnateur est personnellement responsable de tous les actes de son administration, hors les cas où il justifie, soit avoir agi en vertu d'ordres formels du gouverneur, et lui avoir fait sur ces ordres des représentations qui n'ont pas été accueillies, soit avoir proposé au gouverneur des mesures qui n'ont pas été adoptées.

§ 2. Les dispositions du § 1er de l'article 82 et du § 2 de l'article 83, sur la responsabilité du gouverneur, sont communes à l'ordonnateur.

ART. 116.

§ 1er. Il adresse au ministre de la marine copie des représentations et des propositions qu'il a été dans le cas de faire au gouverneur, lorsqu'elles ont été écartées, ainsi que de la décision intervenue.

§ 2. Il lui adresse également, par l'intermédiaire du gouverneur, à la fin de chaque année, un compte moral et raisonné de la situation du service dont il est chargé.

§ 3. Il a la correspondance avec le directeur de l'administration des colonies, pour les renseignements à demander ou à transmettre en ce qui concerne son service.

ART. 117.

Lorsque l'ordonnateur est remplacé dans ses fonctions, il est tenu de remettre à son successeur, en ce qui concerne son service, les pièces et documents mentionnés à l'article 88.

ART. 118.

§ 1er. En cas de mort, d'absence, ou de tout autre empêchement qui oblige l'ordonnateur à cesser son service, il est remplacé par le contrôleur colonial.

§ 2 (*). S'il n'est empêché que momentanément, il est suppléé par l'officier d'administration de la marine le plus élevé en grade; à grade égal, le choix appartient au gouverneur.

CHAPITRE II.
DU DIRECTEUR GÉNÉRAL DE L'ADMINISTRATION INTÉRIEURE.

SECTION PREMIÈRE.
DES ATTRIBUTIONS DU DIRECTEUR GÉNÉRAL.

ART. 119.

Le directeur général est chargé, sous les ordres du gouverneur, de l'administration intérieure de la colonie, de la police générale, et de l'administration des contributions directes et indirectes.

ART. 120.

Ces attributions comprennent :

§ 1er. La direction et la surveillance de l'administration des communes; la proposition des ordres de convocation des conseils municipaux, et celle des matières sur lesquelles ils doivent délibérer;

§ 2. L'examen des projets de budgets présentés par les communes, la surveillance de l'emploi des fonds communaux, la vérification des comptes y relatifs, la surveillance des receveurs municipaux et la vérification de leurs caisses;

§ 3. Les propositions relatives aux acquisitions, ventes, locations, échanges et partages des biens communaux ;

§ 4. La surveillance de l'administration des noirs appartenant aux communes ;

§ 5. Celle relative à la construction, la réparation et l'entretien des bâtiments et chemins communaux, et à la voirie municipale ;

§ 6. La construction, la réparation et l'entretien des grandes routes, canaux, digues, ponts, fontaines, et tous autres travaux d'utilité publique qui dépendent de la grande voirie ;

§ 7. Les propositions relatives à l'ouverture, au redressement et à l'élargissement des routes et des chemins ;

§ 8. La police rurale ; les conduites et prises d'eau, les mesures à prendre contre les débordements et les inondations, contre les incendies des bois et savanes, et contre les défrichements ;

§ 9. Les ports d'armes ; la chasse ; la pêche dans les rivières et les étangs ;

§ 10. Les salines ;

§ 11. La direction de l'agriculture et de l'industrie, les améliorations à introduire, et la proposition des encouragements à donner ;

§ 12. Les troupeaux et haras du Gouvernement, les mesures pour l'amélioration des races ;

§ 13. La publication des découvertes nouvelles, des procédés utiles, et spécialement de ceux qui ont pour objet d'augmenter et de perfectionner les produits coloniaux, d'économiser la main-d'œuvre et de suppléer au travail de l'homme ;

§ 14. Les bibliothèques publiques, les jardins du Roi et de naturalisation, et la distribution aux habitants des plantes utiles ; les pépinières nécessaires à la plantation des routes et promenades publiques ;

§ 15. La statistique de la colonie, la formation des tableaux

annuels relatifs à la population et à la situation agricole et indus-
trielle;

§ 16. La surveillance des approvisionnements généraux de la
colonie, et la proposition des mesures à prendre à cet égard;

§ 17. Le système monétaire, les mesures concernant l'exportation du numéraire;

§ 18. Les propositions relatives aux sociétés anonymes, la
surveillance des comptoirs d'escompte;

§ 19. La surveillance des agents de change, courtiers, et des
préposés aux ventes publiques autres que celles faites par autorité de justice;

§ 20. L'exécution des édits, déclarations, ordonnances et règlements relatifs au culte, aux ecclésiastiques et aux communautés
religieuses; la police et la conservation des églises et des lieux de
sépulture; les tarifs et règlements sur le casuel, les convois et les
inhumations;

§ 21. L'examen des budgets des fabriques, la surveillance de
l'emploi des fonds qui leur appartiennent, la vérification et l'apurement des comptes;

§ 22. L'administration des bureaux de bienfaisance, la vérification et l'apurement de leur comptabilité;

§ 23. Les propositions concernant les dons de bienfaisance et
legs pieux;

§ 24. Les mesures sanitaires à l'intérieur de la colonie; les
précautions contre les maladies épidémiques, les épizooties et
l'hydrophobie; la propagation de la vaccine; les secours à donner
aux noyés et aux asphyxiés;

§ 25. La surveillance des officiers de santé et des pharmaciens
non attachés au service, les examens à leur faire subir, la surveillance du commerce de droguerie;

§ 26. Les lépreux, les insensés, les enfants abandonnés;

§ 27. Les propositions relatives à l'admission dans les hôpi-

6.

taux militaires des indigents malades et des noirs de la colonie;

§ 28. Les secours contre les incendies, l'établissement des pompes à incendie dans les divers quartiers de la colonie;

§ 29. Les propositions de secours à accorder dans les cas d'incendies, ouragans et autres calamités publiques;

§ 30. La surveillance administrative de la curatelle des successions vacantes;

§ 31. L'administration du domaine, la revendication des terrains envahis ou usurpés; les demandes en réunion au domaine des biens concédés, lorsqu'il y a lieu; la conservation des cinquante pas géométriques et de toute autre réserve faite dans l'intérêt des divers services publics;

§ 32. Les propositions d'acquisitions, ventes ou échanges des propriétés domaniales;

§ 33. La désignation des propriétés particulières nécessaires au service public;

§ 34. La réunion au domaine des biens abandonnés ou acquis par prescription;

§ 35. La vente des épaves autres que celles de mer;

§ 36. L'administration des contributions directes, la confection des rôles, l'établissement et la vérification des recensements, la délivrance des patentes; le cadastre, pour servir à l'établissement de l'impôt sur les maisons; les propositions de dégrèvements;

§ 37. Les opérations d'arpentage;

§ 38. La levée des cartes et plans de la colonie;

§ 39. L'administration des douanes, de l'enregistrement, des hypothèques, et des autres contributions indirectes de toute nature;

§ 40. L'expédition des actes de francisation;

§ 41. La proposition des mercuriales pour la perception des droits de douanes;

§ 42. Les mouvements du commerce, l'établissement des états annuels d'importations et d'exportations;

§ 43. Les mesures à prendre envers les contrevenants aux lois, ordonnances et règlements sur l'abolition de la traite des noirs, sur le commerce national et étranger, et sur la perception de tous les impôts;

§ 44. L'administration de la poste aux lettres, tant pour l'intérieur que pour l'extérieur;

§ 45. La vérification des comptes des administrations financières, et la surveillance des receveurs;

§ 46. La surveillance des établissements d'instruction publique; les examens à faire subir aux chefs d'institution, professeurs et maîtres d'école, qui se destinent à l'enseignement dans la colonie;

§ 47. L'administration des pensionnats royaux de la colonie et des écoles primaires gratuites, l'établissement de ces écoles dans les quartiers qui en sont privés, la surveillance administrative des frères de la Doctrine chrétienne et des sœurs qui se livrent à l'instruction;

§ 48. La proposition au gouverneur, des candidats pour les bourses accordées aux jeunes créoles dans les colléges royaux de France, dans les pensionnats royaux de la colonie, et dans les maisons royales de la Légion d'honneur; la régularisation des pièces qu'ils ont à produire;

§ 49. La surveillance de l'usage de la presse, la censure des journaux et de tous les écrits destinés à l'impression, autres que ceux concernant les matières judiciaires;

§ 50. La surveillance de la librairie, en ce qui intéresse la religion, le bon ordre et les mœurs;

§ 51. L'état civil des blancs et des gens de couleur libres;

§ 52. L'exécution des ordonnances et règlements concernant les gens de couleur libres et affranchis;

§ 53. L'exécution des règlements concernant le régime des esclaves, et les propositions relatives à l'amélioration de ce régime;

§ 54. La direction et la surveillance des noirs de la colonie attachés aux travaux et établissements qui sont dans ses attributions;

§ 55. La levée des noirs de réquisition, leur répartition entre les divers services, la direction et la surveillance de ceux qui sont affectés aux travaux qu'il dirige;

§ 56. L'appel et la revue des ouvriers libres ou esclaves employés aux mêmes travaux;

§ 57. La proposition des tarifs du prix des charrois et du batelage;

§ 58. Les mesures d'ordre à l'occasion des fêtes et cérémonies publiques;

§ 59. L'exécution des obligations imposées par les règlements aux personnes qui arrivent dans la colonie ou qui en partent; l'expédition et l'enregistrement des passe-ports;

§ 60. La surveillance des auberges, cafés, spectacles et autres lieux publics;

§ 61. La suppression des cantines et échoppes établies ailleurs que dans l'intérieur des villes et quartiers;

§ 62. Les mesures répressives du marronnage, et le payement des dépenses qu'elles occasionnent;

§ 63. Le régime intérieur et l'administration des prisons civiles et des geôles, la direction et l'emploi des noirs condamnés aux travaux forcés;

§ 64. La surveillance des individus qui n'ont aucun moyen d'existence connu; des vagabonds, gens sans aveu, malfaiteurs et perturbateurs de l'ordre public; des noirs qui se mêlent de prétendus maléfices et sortiléges, ou qui sont suspectés d'empoisonnement; des empiriques;

§ 65. La surveillance spéciale des individus signalés comme receleurs;

§ 66. L'exécution des règlements concernant

Les poids et mesures,

Le contrôle des matières d'or et d'argent,

La tenue des marchés publics,

L'approvisionnement des boulangers et bouchers,

Le colportage,

Les coalitions d'ouvriers,

Les réunions d'esclaves non autorisées,

Enfin tout ce qui a rapport à la police administrative;

§ 67. Les opérations relatives à la formation des listes et contrôles des milices;

§ 68. Les rapports administratifs avec la gendarmerie;

§ 69. La proposition et l'exécution des mesures relatives à la sûreté intérieure de la colonie;

§ 70. La rédaction du projet de budget partiel, des états de développement et autres documents relatifs à son administration, qui doivent servir à l'ordonnateur pour l'établissement du budget général;

§ 71. La vérification et la régularisation des pièces qui doivent être fournies à l'ordonnateur pour la justification et la liquidation des dépenses faites pour le service de l'intérieur;

§ 72. Les opérations relatives à l'élection des candidats pour le conseil général;

§ 73. La proposition des ordres pour les convocations ordinaires et extraordinaires du conseil général, et, dans ce dernier cas, celle des matières sur lesquelles il est appelé à délibérer;

§ 74. L'exposé de la situation de son service, qui doit être présenté annuellement au conseil général.

SECTION II.

DES RAPPORTS DU DIRECTEUR GÉNÉRAL AVEC LE GOUVERNEUR ET AVEC LES FONCTIONNAIRES
ET LES AGENTS DU GOUVERNEMENT.

ART. 121.

Les dispositions de la section II du chapitre Ier du titre IV, qui fixent les rapports de l'ordonnateur avec le gouverneur, sont communes au directeur général.

ART. 122.

Le directeur général concourt avec l'ordonnateur, en ce qui a rapport à l'administration intérieure;

A l'établissement des cahiers des charges pour les marchés et adjudications,

A la réception des matières et des ouvrages;

A la préparation des instructions à donner aux pataches et autres embarcations chargées du service de la douane sur les côtes.

ART. 123.

Il a sous ses ordres

Les fonctionnaires municipaux;

Les officiers et employés de l'administration de la marine attachés à son service;

Les directeurs, inspecteurs et autres employés du domaine, de l'enregistrement, des douanes, des contributions directes et indirectes;

Les agents de la police;

Les agents salariés de l'instruction publique;

Les arpenteurs du Gouvernement;

Les jardiniers botanistes; les médecins vétérinaires;

Et tous autres employés civils qui, par la nature de leurs fonctions, dépendent de son service.

ART. 124.

§ 1er. Il donne des ordres, en ce qui concerne son administration,

Aux ingénieurs civils ;

Aux officiers de santé de la marine ;

Aux agents du trésor chargés des recettes des administrations financières.

§ 2. Il requiert les milices et la gendarmerie, lorsque son service l'exige.

ART. 125.

Les dispositions des articles 109 et 110 sont communes au directeur général.

ART. 126.

Il pourvoit à l'expédition des commissions provisoires ou définitives, des congés et des ordres de service qui émanent du gouverneur et qui sont relatifs à tous les agents rétribués sous ses ordres, ainsi que des commissions ou diplômes des agents de change courtiers, des officiers de santé et pharmaciens, des instituteurs, maîtres d'école, professeurs et autres agents civils non rétribués, qui dépendent de l'administration de l'intérieur.

Il contre-signe ces commissions, diplômes, ordres ou congés, et pourvoit à leur enregistrement partout où besoin est.

SECTION III.

DISPOSITIONS DIVERSES RELATIVES AU DIRECTEUR GÉNÉRAL DE L'INTÉRIEUR.

ART. 127.

Les articles 112, 113, 114, 115, 116 et 117, relatifs à l'ordonnateur, sont communs au directeur général de l'intérieur.

ART. 128.

(*) En cas de mort, d'absence, ou de tout autre empêchement qui oblige le directeur général de l'administration intérieure à quitter son service, ou à le cesser momentanément, il est remplacé provisoirement ou suppléé par un des conseillers coloniaux membres du conseil privé, désigné par nous; et, lorsque nous n'y avons pas pourvu d'avance, par un conseiller colonial ou par le secrétaire archiviste, au choix du gouverneur.

CHAPITRE III.

DU PROCUREUR GÉNÉRAL EN SA QUALITÉ DE CHEF D'ADMINISTRATION.

SECTION PREMIÈRE.

DES ATTRIBUTIONS DU PROCUREUR GÉNÉRAL.

ART. 129.

Le procureur général est membre du conseil privé.

ART. 130.

Il prépare et soumet au conseil, d'après les ordres du gouverneur,

§ 1er. Les projets d'ordonnances, d'arrêtés, de règlements et d'instructions sur les matières judiciaires;

§ 2. Les rapports concernant

Les conflits;

Les affranchissements;

Les recours en grâce;

Les mesures à prendre à l'égard des fonctionnaires attachés à l'ordre judiciaire, dans le cas prévu par les articles 61 et 79;

Les contestations entre les membres des tribunaux relativement à leurs fonctions, rangs et prérogatives; enfin toutes autres affaires concernant son service et qui doivent être portées au conseil privé.

ART. 131.

Le procureur général a dans ses attributions :

§ 1er. La surveillance et la bonne tenue des lieux où se rend la justice;

§ 2. La surveillance de la curatelle aux successions vacantes, telle qu'elle est déterminée par les ordonnances;

§ 3. La censure des écrits en matière judiciaire destinés à l'impression;

§ 4. L'application des règlements à l'égard des noirs marrons, et la fixation des primes dues aux capteurs conformément aux ordonnances;

§ 5. La préparation du budget des dépenses relatives à la justice;

§ 6. La vérification et le visa de toutes les pièces nécessaires à la justification et à la liquidation des frais de justice à la charge des divers services;

§ 7. Le contre-seing des arrêtés, règlements, décisions du gouverneur en conseil, et autres actes de l'autorité locale qui ont rapport à l'administration de la justice;

§ 8. L'expédition et le contre-seing des provisions, commissions et congés délivrés par le gouverneur aux membres de l'ordre judiciaire, ainsi que des commissions des notaires, avoués et autres officiers ministériels;

§ 9. La nomination des agents attachés aux tribunaux, dont le traitement joint aux autres allocations n'excède pas quinze cents francs par an;

§ 10. La révocation ou la destitution de ces agents, après avoir pris les ordres du gouverneur;

§ 11. L'enregistrement, partout où besoin est, des commissions et autres actes qu'il expédie et contre-signe.

ART. 132.

§ 1er. Il exerce directement la discipline sur les notaires, les avoués et les autres officiers ministériels; prononce contre eux, après les avoir entendus, le rappel à l'ordre, la censure simple, la censure avec réprimande, et leur donne tout avertissement qu'il juge convenable.

§ 2. A l'égard des peines plus graves, telles que la suspension, le remplacement pour défaut de résidence, ou la destitution, il fait d'office, ou sur les réclamations des parties, les propositions qu'il juge nécessaires, et le gouverneur statue, après avoir pris l'avis des tribunaux, qui entendent en chambre du conseil le fonctionnaire inculpé, sauf le recours à notre ministre de la marine.

ART. 133.

Il présente au conseil général de la colonie l'exposé de la situation du service qu'il dirige.

SECTION II.

RAPPORTS DU PROCUREUR GÉNÉRAL AVEC LE GOUVERNEUR.

ART. 134.

§ 1er. Le procureur général rend compte au gouverneur de tout ce qui est relatif à l'administration de la justice et à la conduite des magistrats.

§ 2. Il lui rend compte également des peines de discipline qu'il a prononcées en vertu des pouvoirs qui lui sont conférés à l'article 132.

ART. 135.

Il présente les rapports sur les demandes en dispense de mariage.

ART. 136.

Il se fait remettre et adresse au gouverneur, après en avoir fait la vérification, les doubles minutes des actes qui doivent être envoyés au dépôt des chartes coloniales en France.

ART. 137.

Il est chargé de présenter au gouverneur les listes de candidats aux places de judicature vacantes dans les tribunaux.

Il lui présente également les candidats pour les places de notaires, avoués et autres officiers ministériels, après qu'ils ont subi les examens et satisfait aux conditions prescrites par les règlements.

ART. 138.

Sont communes au procureur général, en ce qui concerne son service, les dispositions des articles 103, 104 et 106.

SECTION III.

DISPOSITIONS DIVERSES RELATIVES AU PROCUREUR GÉNÉRAL.

ART. 139.

§ 1er. Les dispositions des articles 109 et 116, qui règlent les cas où l'ordonnateur correspond avec les divers fonctionnaires de la colonie et avec le département de la marine, sont communes au procureur général.

§ 2. Il correspond en outre, avec le directeur de l'administration des colonies, pour l'envoi des significations faites à son parquet, et pour la réception de celles qui ont été faites au parquet des cours et tribunaux de France à l'effet d'être transmises aux colonies.

§ 3. Sont également communes au procureur général les dispositions des articles 82, § 1er, 115, 1er, et 117.

ART. 140.

§ 1ᵉʳ (*). En cas de mort, d'absence, ou de tout autre empêchement qui oblige le procureur général à cesser son service, il est remplacé provisoirement par un magistrat désigné par nous, et, à défaut, par celui que le gouverneur désigne.

§ 2 (*). S'il n'est empêché que momentanément, il est remplacé dans ses fonctions administratives par un officier du ministère public, au choix du gouverneur.

TITRE V.

DU CONTRÔLEUR COLONIAL.

—

ART. 141.

Le contrôleur colonial est chargé de l'inspection et du contrôle spécial de l'administration de la marine, de la guerre et des finances, et de la surveillance générale de toutes les parties du service administratif de la colonie.

ART. 142.

Son inspection et son contrôle s'étendent :

Sur les recettes et les dépenses en deniers, matières et vivres;

Sur la conservation des marchandises et munitions de toute espèce dans les magasins;

Sur les revues des troupes, des équipages de nos bâtiments, des officiers sans troupes et autres agents salariés;

Sur l'emploi des matières et du temps des ouvriers;

Sur l'administration et l'emploi des noirs de la colonie;

Sur les hôpitaux, bagnes, prisons militaires, chantiers et ateliers, et autres établissements dépendants de la marine et de la guerre;

Sur les formes et l'exécution des adjudications, marchés et traités pour fournitures et ouvrages;

Sur les baux et fermages des biens domaniaux;

Sur l'administration de la caisse des invalides, des gens de mer et des prises;

Sur les différentes administrations, fermes et régies des contributions directes et indirectes de la colonie, dont il suit les mouvements, vérifie et arrête mensuellement les registres et la comptabilité aux bureaux des comptables, et sans déplacement de pièces.

ART. 143.

Il vérifie les opérations de la comptabilité générale; il enregistre et vise les ordres de recette, et toutes les pièces à la décharge du trésorier.

ART. 144.

§ 1ᵉʳ. Il vérifie, concurremment avec l'ordonnateur, chaque mois, et plus souvent si le cas l'exige, les caisses de la colonie, et celle des invalides, gens de mer et prises.

Il vérifie également, toutes les fois qu'il le juge nécessaire, la caisse du curateur aux successions vacantes.

§ 2. Il s'assure, lors de ces différentes vérifications, et chaque fois qu'il le juge convenable, de la concordance des écritures du trésorier avec celles du bureau central des fonds et avec celles des administrations financières.

§ 3. Il informe le gouverneur du résultat de ces opérations.

ART. 145.

Il reçoit les cautionnements pour l'exécution des marchés, adjudications, fermages et régies.

Il concourt et veille à la réception de ceux qui doivent être fournis par les divers fonctionnaires ou agents de la colonie.

ART. 146.

§ 1ᵉʳ. Le contrôleur colonial exerce les poursuites, par voie administrative et judiciaire, contre les débiteurs de deniers publics, les fournisseurs, entrepreneurs et tous autres qui ont passé des marchés avec le gouvernement; fait établir tout séquestre, prend toutes hypothèques sur leurs biens, en donne mainlevée lorsque les débiteurs se sont libérés, et défend à toutes demandes formées par les comptables.

§ 2. Il procède en outre, soit en demandant, soit en défendant, dans toutes les affaires portées devant le conseil privé où le gouvernement est partie principale.

ART. 147.

§ 1ᵉʳ. Il a le dépôt et la garde des archives de la colonie; il les reçoit sur inventaire et en est personnellement responsable.

§ 2. Il est chargé de l'enregistrement, du dépôt et de la classification des lois, ordonnances, règlements, décisions et ordres du ministre et du gouverneur; des brevets, commissions, devis, plans, cartes, mémoires et procès-verbaux relatifs à tous les services administratifs de la colonie. Il en délivre, au besoin, des copies collationnées, et ne peut se dessaisir des originaux que sur l'ordre du gouverneur.

§ 3. Il requiert la réintégration ou le dépôt aux archives des pièces qui en dépendent ou doivent en faire partie, quels qu'en soient les détenteurs.

Il assiste nécessairement à l'apposition et à la levée des scellés mis sur les papiers des fonctionnaires décédés dans l'exercice de leurs fonctions, ou dont les comptes n'ont pas été apurés, comme aussi aux inventaires qui doivent être dressés lorsque le gouverneur et les chefs de service sont remplacés, et réclame les titres, pièces et documents qu'il juge devoir faire partie des archives.

ART. 148.

§ 1er. Le contrôleur exerce ses fonctions dans une entière indépendance de toute autorité locale; mais il ne peut diriger ni suspendre aucune opération.

§ 2. Il requiert, dans toutes les parties du service administratif de la colonie, tant sur le fond que sur la forme, l'exécution ponctuelle des ordonnances, des règlements, des ordres ministériels, des ordres du gouverneur et de ses décisions en conseil. Il adresse, à cet effet, aux chefs de service toutes les représentations et observations qu'il juge utiles; s'il n'y est pas fait droit, il en informe le gouverneur.

§ 3. Le contrôleur ne s'adresse directement au gouverneur que lorsqu'il a à signaler des abus ou à faire des propositions sur lesquelles le gouverneur peut seul statuer.

§ 4. Le contrôleur tient enregistrement des représentations qu'il fait au gouverneur ou aux chefs de service : il en adresse copie au ministre de la marine, s'il n'y a pas été fait droit.

ART. 149.

Les bureaux, ateliers, magasins, hôpitaux et autres établissements soumis à l'inspection du contrôleur, lui sont ouverts, ainsi qu'à ses préposés, et il leur est donné communication de tous les états, registres ou pièces quelconques dont ils demandent à prendre connaissance.

ART. 150.

§ 1er. Le contrôleur a sous ses ordres les officiers et employés de l'administration de la marine attachés à son service.

§ 2. Il donne des ordres aux inspecteurs et vérificateurs des administrations financières, en tout ce qui concerne la régularité du service, la surveillance et la poursuite des contraventions aux ordonnances et règlements; toutefois, il prévient le directeur géral de l'intérieur des ordres qu'il donne à cet égard.

ART. 151.

Il adresse directement à notre ministre de la marine, à la fin de chaque année, un compte raisonné des différentes parties de son service.

ART. 152.

Les dispositions des articles 82, § 1er, et 117, sont communes au contrôleur.

ART. 153 (*).

En cas de mort, d'absence, ou de tout autre empêchement qui oblige le contrôleur à cesser son service, il est remplacé par l'officier d'administration de la marine le plus élevé en grade : à grade égal, le choix appartient au gouverneur.

S'il n'est empêché que momentanément, il est suppléé par l'officier d'administration de la marine chargé du contrôle sous ses ordres.

TITRE VI.
DU CONSEIL PRIVÉ.

CHAPITRE PREMIER.
DE LA COMPOSITION DU CONSEIL PRIVÉ.

ART. 154.

§ 1er. Le conseil privé est composé
Du gouverneur,
Du commandant militaire,
De l'ordonnateur,
Du directeur général de l'intérieur,
Du procureur général,
De trois conseillers coloniaux.

§ 2. Le contrôleur colonial assiste au conseil ; il y a voix représentative dans toutes les discussions.

§ 3. Un secrétaire-archiviste tient la plume.

ART. 155.

Les membres du conseil sont remplacés ainsi qu'il est réglé aux articles 100, 120, 130, 140, 153 et 184.

ART. 156.

Lorsque le conseil est appelé à prononcer sur les matières spécifiées aux sections IV et V du chapitre III du présent titre, deux magistrats lui sont adjoints.

Ils sont choisis conformément aux dispositions des articles 179, § 1er, et 180, § 1er, et ont voix délibérative.

ART. 157.

§ 1er. Les officiers chargés de la direction de l'artillerie et de celle du génie, l'ingénieur en chef des ponts et chaussées, le capitaine de port du chef-lieu, l'officier d'administration chargé des approvisionnements, les directeurs des administrations financières, le trésorier et les syndics de commerce, sont appelés de droit au conseil, lorsqu'il y est traité des matières de leurs attributions. Ils y ont voix consultative.

§ 2. Deux membres du conseil général, choisis conformément aux dispositions de l'article 201 ci-après, sont appelés nécessairement au conseil privé, avec voix consultative, pour la discussion des ordonnances, arrêtés et règlements.

§ 3. Le conseil peut demander à entendre, en outre, tous fonctionnaires et autres personnes qu'il désigne, et qui, par leurs connaissances spéciales, sont propres à l'éclairer.

Le gouverneur décide s'il sera fait droit à la demande du conseil.

CHAPITRE II.

DES SÉANCES DU CONSEIL PRIVÉ, ET DE LA FORME DE SES DÉLIBÉRATIONS.

ART. 158.

§ 1er. Le gouverneur est président du conseil.

§ 2. Lorsqu'il n'y assiste pas, la présidence appartient au commandant militaire, et, à défaut de celui-ci, à l'ordonnateur.

ART. 159.

Les membres du conseil prêtent entre les mains du gouverneur, lorsqu'ils siégent ou assistent pour la première fois au conseil, le serment dont la formule suit :

« Je jure, devant Dieu, de bien et fidèlement servir le Roi et
« l'État ; de garder et observer les lois, ordonnances et règlements
« en vigueur dans la colonie ; de tenir secrètes les délibérations
« du conseil privé, et de n'être guidé, dans l'exercice des fonc-
« tions que je suis appelé à y remplir, que par ma conscience et
« le bien du service du Roi. »

ART. 160.

Les conseillers titulaires prennent rang et séance dans l'ordre établi à l'article 154.

Les suppléants et les membres appelés momentanément à faire partie du conseil siégent après les membres titulaires.

ART. 161.

§ 1er. Le conseil s'assemble au gouvernement, et dans un local spécialement affecté à ses séances.

§ 2. Il se réunit le 1er de chaque mois, et continue ses séances sans interruption, jusqu'à ce qu'il ait expédié toutes les affaires sur lesquelles il a à statuer.

§ 3. Il s'assemble, en outre, toutes les fois que des affaires urgentes nécessitent sa réunion et que le gouverneur juge convenable de le convoquer.

ART. 162.

§ 1er. Le conseil ne peut délibérer qu'autant que tous ses membres sont présents ou légalement remplacés.

§ 2. Toutefois, dans le cas où il n'est que consulté, la présence du gouverneur n'est point obligatoire.

§ 3. Les membres du conseil ne peuvent se faire remplacer qu'en cas d'empêchement absolu.

ART. 163.

§ 1er. Sauf le cas d'urgence, le président fait informer à l'avance les membres du conseil et les personnes appelées à y siéger momentanément des affaires qui doivent y être traitées : les pièces et rapports y relatifs sont déposés au secrétariat du conseil, pour que les membres puissent en prendre connaissance.

§ 2. Le conseil nomme dans son sein des commissions pour l'examen des affaires qui demandent à être approfondies. Le contrôleur peut en faire partie.

ART. 164.

§ 1er. Le conseil a le droit de demander communication de toutes les pièces et documents relatifs à la comptabilité.

§ 2. Il peut aussi demander que tous autres documents susceptibles de servir à former son opinion lui soient communiqués.

Dans ce dernier cas, le gouverneur décide si la communication aura lieu ; en cas de refus, mention en est faite au procès-verbal.

ART. 165.

§ 1er. Le président, avant de fermer la discussion, consulte le conseil pour savoir s'il est suffisamment instruit.

§ 2. Le conseil délibère à la pluralité des voix : en cas de partage, celle du gouverneur est prépondérante.

§ 3. Les voix sont recueillies par le président, et dans l'ordre inverse des rangs qu'occupent les membres du conseil : le président vote le dernier.

§ 4. Tout membre qui s'écarte des égards et du respect dus au conseil est rappelé à l'ordre par le président, et mention en est faite au procès-verbal.

ART. 166.

§ 1er. Le secrétaire-archiviste rédige le procès-verbal des séances. Il y consigne les avis motivés et les votes nominatifs; il y insère même, lorsqu'il en est requis, les opinions rédigées, séance tenante, par les membres du conseil.

§ 2. Le procès-verbal ne fait mention que de l'opinion de la majorité, lorsque le conseil juge administrativement, ou lorsqu'il participe aux pouvoirs extraordinaires conférés au gouverneur par les articles 71, 72, 75, 76, 77, 78 et 79.

§ 3. Le secrétaire-archiviste donne lecture, au commencement de chaque séance, du procès-verbal de la séance précédente.

§ 4. Le procès-verbal approuvé est transcrit sur un registre coté et parafé par le gouverneur, et est signé par tous les membres du conseil.

§ 5. Deux expéditions du procès-verbal de chaque séance, visées par le président et certifiées par le secrétaire-archiviste, sont adressées au ministre par des occasions différentes.

L'une est expédiée par le gouverneur; l'autre, par le contrôleur.

ART. 167.

§ 1er. Le secrétaire-archiviste a dans ses attributions la garde du sceau du conseil, le dépôt de ses archives, la garde de sa bibliothèque, et l'entretien du local destiné à ses séances.

§ 2. Il est chargé de la convocation des membres du conseil et des avis à leur donner, sur l'ordre du président; de la réunion de tous les documents nécessaires pour éclairer les délibérations, et de tout ce qui est relatif à la rédaction, l'enregistrement et l'expédition des procès-verbaux.

ART. 168.

§ 1er. Avant d'entrer en fonctions, le secrétaire-archiviste prête entre les mains du gouverneur, en conseil, le serment de tenir secrètes les délibérations du conseil privé.

§ 2. Il lui est interdit de donner à d'autres personnes qu'aux membres du conseil communication des pièces et documents confiés à sa garde, à moins d'un ordre écrit du gouverneur.

§ 3. En cas d'absence ou d'empêchement qui oblige le secrétaire-archiviste de cesser son service, il est remplacé par un officier ou employé de l'administration, au choix du gouverneur.

CHAPITRE III.
DES ATTRIBUTIONS DU CONSEIL PRIVÉ.

SECTION PREMIÈRE.
DISPOSITIONS GÉNÉRALES.

ART. 169.

§ 1er. Le conseil ne peut délibérer que sur les affaires qui lui sont présentées par le gouverneur ou par son ordre, sauf les cas où il juge administrativement.

§ 2. Les projets d'ordonnances, d'arrêtés, de règlements, et toutes autres affaires qu'il est facultatif au gouverneur de proposer au conseil, peuvent être retirés par lui lorsqu'il le juge convenable.

ART. 170.

§ 1er. Aucune affaire de la compétence du conseil ne doit être soustraite à sa connaissance.

Les membres titulaires peuvent faire à ce sujet des réclamations : le gouverneur les admet ou les rejette.

§ 2. Tout membre titulaire peut également soumettre au gouverneur, en conseil, les propositions ou observations qu'il juge utiles au bien du service. Le gouverneur décide s'il en sera délibéré.

§ 3. Mention du tout est faite au procès-verbal.

ART. 171.

Le conseil ne peut correspondre avec aucune autorité.

SECTION II.

DES MATIÈRES SUR LESQUELLES LE GOUVERNEUR PREND L'AVIS DU CONSEIL.

ART. 172.

§ 1er. Les pouvoirs et les attributions qui sont conférés au gouverneur par les articles 17, § 3; 18, § 2; 24, §§ 1er et 2; 25; 26, § 1er; 27, §§ 1er et 2; 28, § 2; 29, § 2; 33; 35; 36, § 3; 39, § 3; 42, § 2; 44, § 2; 59; 62, § 2; 63, § 1er; 65, §§ 2 et 3; 69; 100; 118, § 2; 128, 140 et 153, sont exercés par lui après avoir pris l'avis du conseil privé, mais sans qu'il soit tenu de s'y conformer.

§ 2. Le conseil est également appelé à donner son avis :

Sur le compte de la situation des différentes parties de l'administration de la colonie, qui doit être produit au conseil général par les chefs d'administration, chacun en ce qui le concerne;

Sur les propositions et les observations présentées par le conseil général ;

Sur le meilleur emploi à faire des bâtiments flottants attachés au service de la colonie;

Sur le mode le plus avantageux de pourvoir aux approvisionnements nécessaires aux différents services;

Enfin sur toutes les affaires sur lesquelles le gouverneur juge convenable de le consulter.

SECTION III.

DES MATIÈRES QUI SONT DÉCIDÉES OU ARRÊTÉES PAR LE CONSEIL.

ART. 173.

Les pouvoirs et les attributions qui sont conférés au gouverneur par les articles 17, § 6; 20; 21, §§ 1er et 2; 23, §§ 1er et 2; 26, §§ 2 et 3; 30, § 2; 31, §§ 2, 3 et 4; 32; 34, §§ 1er et 2; 36, § 2; 39, §§ 1er et 4; 42, § 2; 50; 51; 61, §§ 1er et 2; 63, § 2; 67 et 68, ne sont exercés par lui que collectivement avec le conseil privé, et conformément aux décisions de ce conseil.

ART. 174.

Le conseil vérifie et arrête:

§ 1er. Les comptes des receveurs, des gardes-magasins et de tous les comptables de la colonie, à l'exception de ceux du trésorier;

§ 2. Les comptes rendus par les commis aux revues ou autres comptables embarqués sur ceux de nos bâtiments qui sont attachés au service de la colonie.

ART. 175.

Le conseil statue:

§ 1er. Sur les marchés et adjudications de tous les ouvrages et approvisionnements, et les traités pour fournitures quelconques, au-dessus de quatre cents francs (ceux au-dessous de cette somme sont passés conformément aux règles établies, et soumis au conseil à la fin de chaque mois);

§ 2. Sur la vente des approvisionnements et des objets inutiles ou impropres au service;

§ 3. Sur les augmentations de grade et de paye des marins, officiers mariniers et ouvriers classés, conformément aux ordonnances de la marine;

§ 4. Sur les augmentations de classe ou de paye des ouvriers civils, libres ou esclaves;

§ 5. Sur le contentieux en matière de contributions directes et de recensement, et sur les contestations relatives aux noirs épaves;

§ 6. Sur le contentieux des administrations du domaine, de l'enregistrement, des douanes et autres impôts indirects, sans préjudice du recours des parties devant les tribunaux ordinaires;

§ 7. Sur les poursuites à intenter contre les bâtiments arrêtés en contravention;

§ 8. Sur l'ouverture, le redressement et l'élargissement des routes et chemins;

§ 9. Sur les expropriations pour cause d'utilité publique, sauf l'indemnité préalable en faveur du propriétaire dépossédé;

§ 10. Sur les réclamations relatives à la liste des éligibles au conseil général, et sur la clôture définitive de cette liste;

§ 11. Sur les autorisations de plaider demandées par l'autorité municipale;

§ 12. Sur les questions douteuses que présente l'application des ordonnances et règlements.

SECTION IV.

DES MATIÈRES QUE LE CONSEIL JUGE ADMINISTRATIVEMENT.

—

ART. 176.

Le conseil privé connaît comme conseil du contentieux administratif:

§ 1er. Des conflits positifs ou négatifs élevés par les chefs d'administration, chacun en ce qui le concerne, et du renvoi devant l'autorité compétente, lorsque l'affaire n'est pas de nature à être portée devant le conseil privé;

§ 2. De toutes les contestations qui peuvent s'élever entre l'administration et les entrepreneurs de fournitures ou de travaux publics, ou tous autres qui auraient passé des marchés avec le gouvernement, concernant le sens ou l'exécution des clauses de ces marchés;

§ 3. Des réclamations des particuliers qui se plaignent de torts et de dommages provenant du fait personnel des entrepreneurs, à l'occassion de marchés passés par ceux-ci avec le gouvernement;

§ 4. Des demandes et contestations concernant les indemnités dues aux particuliers, à raison du dommage causé à leurs terrains pour l'extraction ou l'enlèvement des matériaux nécessaires à la confection des chemins, canaux et autres ouvrages publics;

§ 5. Des demandes en réunion de terrains au domaine, lorsque les concessionnaires ou leurs ayants droit n'ont pas rempli les clauses des concessions;

§ 6. Des demandes concernant les concessions de prises d'eau et de saignées à faire aux rivières pour l'établissement des usines, l'irrigation des terres et tous autres usages; la collocation des terres dans la distribution des eaux, la quantité d'eau appartenant à chaque terre, la manière de jouir de ces eaux, les servitudes et placements de travaux pour la conduite et le passage des eaux, les réparations et l'entretien desdits travaux;

L'interprétation des titres de concession, s'il y a lieu, laissant aux tribunaux à statuer sur toute autre contestation qui peut s'élever relativement à l'exercice des droits concédés et à la jouissance des eaux appartenant à des particuliers;

§ 7. Des contestations relatives à l'ouverture, la largeur, le redressement et l'entretien des routes royales, des chemins vicinaux, de ceux qui conduisent à l'eau, des chemins particuliers ou de communication aux villes, routes, chemins, rivières et autres lieux publics; comme aussi des contestations relatives aux servitudes pour l'usage de ces routes et de ces chemins;

§ 8. Des contestations relatives à l'établissement des embarcadères, des ponts, bacs et passages sur les rivières et sur les bras de mer, ainsi que de celles qui ont rapport à la pêche sur les rivières et sur les étangs appartenant au domaine;

§ 9. Des empiétements sur la réserve des cinquante pas géométriques et sur toute autre propriété publique;

§ 10. Des demandes formées par les comptables en mainlevée de séquestre ou d'hypothèque établis à la diligence du contrôleur;

§ 11. De l'état des individus dont la liberté est contestée, laissant aux tribunaux à connaître des cas où la possession de la liberté est appuyée sur un acte de l'état civil;

§ 12. Des contestations élevées sur les demandes formées par le contrôleur colonial, dans les cas prévus par l'article 147, § 3.

§ 13. En général, du contentieux administratif.

ART. 177.

Les parties peuvent se pourvoir devant le Conseil d'État, par la voie du contentieux, contre les décisions rendues par le conseil privé sur les matières énoncées dans l'article précédent. Ce recours n'a d'effet suspensif que dans les cas de conflit.

ART. 178.

Le conseil privé prononce, sauf recours en cassation, sur l'appel des jugements rendus par le tribunal de première instance, relativement aux contraventions aux lois, ordonnances et règlements

Sur la traite des noirs,

Sur le commerce étranger,

Sur le régime des douanes.

ART. 179.

§ 1er. Lorsque le conseil privé se constitue en conseil de contentieux administratif ou en commission d'appel, il nomme et s'adjoint deux membres de l'ordre judiciaire.

§ 2. Les fonctions du ministère public y sont exercées par le contrôleur colonial.

§ 3. Le mode de procéder est déterminé par un règlement particulier.

SECTION V.

DE LA PARTICIPATION DU CONSEIL AUX POUVOIRS EXTRAORDINAIRES DU GOUVERNEUR.

ART. 180.

§ 1er. Les pouvoirs extraordinaires conférés au gouverneur par les articles 71, 72, 75, 76, 77, 78 et 79, ne peuvent être exercés que collectivement avec le conseil privé, qui alors nomme et s'adjoint deux membres de la cour royale.

§ 2. Les mesures extraordinaires autorisées par les susdits articles ne peuvent être adoptées qu'à la majorité de sept voix sur dix.

SECTION VI.

DISPOSITIONS TRANSITOIRES.

ART. 181.

Le conseil privé est spécialement chargé de réunir et coordonner toutes les dispositions des lois, édits, déclarations, ordonnances, arrêtés, règlements, décisions et instructions en vigueur concernant les différentes branches de l'administration de la colonie.

Il proposera en même temps les modifications et améliorations qu'il jugera utile d'introduire dans toutes les parties de cette législation.

ART. 182.

Le gouverneur nommera, sur la présentation du conseil, et pour y être adjoints, les fonctionnaires, habitants ou négociants qui peuvent concourir utilement à cette révision.

ART. 183.

Les différents titres du nouveau code seront adressés au ministre de la marine, au fur et à mesure qu'ils seront rédigés, et ne pourront être mis à exécution qu'après avoir été revêtus de notre approbation.

CHAPITRE IV.

DES CONSEILLERS COLONIAUX ET DE LEURS ATTRIBUTIONS PARTICULIÈRES.

ART. 184.

§ 1er. Les conseillers coloniaux sont nommés par nous; ils sont choisis parmi les habitants les plus notables âgés de trente ans révolus et demiciliés dans la colonie depuis cinq ans au moins.

§ 2. Trois suppléants, nommés également par nous, et réunissant les mêmes conditions que les conseillers titulaires, les remplacent au besoin.

§ 3. La durée des fonctions des conseillers coloniaux et de leurs suppléants est de deux années.

ART. 185.

Indépendamment de leurs fonctions au conseil, les conseillers coloniaux sont spécialement chargés de l'inspection

Des travaux à la charge de la colonie;

Des noirs de la colonie, de leur emploi et de leur régime;

Des habitations domaniales;

Des jardins de naturalisation et des pépinières publiques;

Des troupeaux et haras appartenant à la colonie;

Des hôpitaux, des prisons et des geôles;

Des pensionnats royaux et des écoles primaires gratuites;

Des banques et comptoirs d'escompte.

ART. 186.

§ 1er. Ils peuvent également être chargés, par le gouverneur, d'inspections ou de missions temporaires dans les différents cantons de la colonie, relativement à l'administration intérieure.

§ 2. Les officiers ou employés qui dirigent les travaux ou les établissements dont les conseillers coloniaux ont l'inspection, sont tenus de leur fournir tous les renseignements qu'ils peuvent demander dans l'intérêt du service.

§ 3. Toutefois, les conseillers coloniaux ne peuvent donner aucun ordre, ni arrêter ou suspendre aucune opération.

§ 4. Leurs attributions se bornent à signaler les abus ou les irrégularités qu'ils sont dans le cas de remarquer, et à présenter toutes les propositions qu'ils jugent utiles au bien du service et aux intérêts de la colonie.

§ 5. Les rapports relatifs aux inspections des conseillers coloniaux sont faits au gouverneur, en conseil, et insérés au procès-
verbal.

ART. 187.

Les conseillers coloniaux qui cessent leurs fonctions après
huit années d'exercice peuvent obtenir le titre de conseillers
honoraires.

TITRE VII.

DU CONSEIL GÉNÉRAL DE LA COLONIE.

CHAPITRE PREMIER.

DE LA COMPOSITION DU CONSEIL GÉNÉRAL, ET DE LA FORME
DE SES DÉLIBÉRATIONS.

ART. 188.

§ 1er. Le conseil général est composé de douze membres.

§ 2. Douze suppléants sont appelés, dans l'ordre de leur nomination, à remplacer au besoin les membres titulaires.

ART. 189.

§ 1er. Les membres du conseil général et leurs suppléants sont
nommés par nous, sur une liste double de candidats présentés
par les conseils municipaux de la colonie.

§ 2. Le mode de nomination des membres du conseil général,
et la proportion dans laquelle chaque commune participe à la
présentation des candidats, seront déterminés par une ordonnance
spéciale.

§ 3. La liste des candidats est adressée au ministre par le gouverneur, avec ses observations et celles du directeur général de
l'intérieur.

ART. 190.

Les conditions d'éligibilité sont :

1° D'être âgé de trente ans révolus;

2° D'être né dans la colonie, ou d'y être domicilié depuis cinq ans;

3° D'être propriétaire de terres et de recenser quarante esclaves, ou de payer trois cents francs de contributions directes, non compris l'impôt municipal; ou de payer patente de négociant de première ou de seconde classe.

Le recensement des noirs d'une veuve profite à son fils unique, ou à son gendre, si elle n'a qu'une fille.

ART. 191.

Le commandant militaire, les chefs d'administration et le contrôleur colonial ne peuvent être membres du conseil général.

ART. 192.

§ 1er. Les membres du conseil général et leurs suppléants sont nommés pour cinq ans, sauf le cas où la dissolution du conseil est prononcée par nous. Ils peuvent être réélus.

§ 2. Leurs fonctions sont gratuites.

ART. 193.

§ 1er. Le conseil général s'assemble au moins une fois par an.

Il est convoqué par le gouverneur, qui peut le réunir extraordinairement, et qui fixe l'époque de la session ordinaire ou extraordinaire.

§ 2. Chaque session est de quinze jours. Le gouverneur en prolonge la durée, s'il le juge nécessaire.

ART. 194.

§ 1er. Le conseil général élit dans son sein un président, un vice-président et un secrétaire.

§ 2. Il se divise en commissions pour l'examen des diverses matières qui sont dans ses attributions.

§ 3. Il ne peut délibérer si neuf membres au moins ne sont présents.

§ 4. Les délibérations sont prises à la majorité des voix. En cas de partage, celle du président est prépondérante.

ART. 195.

§ 1er. La session est ouverte par le gouverneur et sous sa présidence.

§ 2. Le gouverneur peut charger les membres du conseil privé d'assister aux séances du conseil général, pour y donner des explications sur les différentes matières qui sont présentées à ses délibérations.

CHAPITRE II.

DES ATTRIBUTIONS DU CONSEIL GÉNÉRAL.

ART. 196.

Le conseil général entend le compte de la situation des différentes parties de l'administration de la colonie, qui lui est présenté par les chefs de service, chacun en ce qui est relatif à ses attributions.

ART. 197.

Le conseil est appelé à délibérer et à donner son avis sur les matières ci-après, qui lui sont communiquées par l'ordre du gouverneur, savoir :

1° Le projet de budget des recettes et des dépenses à la charge de la colonie;

2° Les projets de budgets des communes;

3° L'état des dépenses à faire dans la colonie pour le compte de la métropole;

4° Les comptes généraux des recettes et des dépenses effectuées pendant l'année précédente;

5° Le projet d'ordonnance relatif aux impositions annuelles;

6° Les projets de travaux à exécuter annuellement dans la colonie;

7° Les réquisitions de noirs, et le meilleur mode à employer pour leur levée;

8° L'emploi fait ou à faire des noirs du service colonial;

9° Les comptes annuels des recettes et des dépenses communales;

10° Les projets annuels des travaux communaux;

11° L'ouverture, l'élargissement ou le redressement des chemins vicinaux et de ceux qui conduisent à l'eau; l'établissement des embarcadères;

12° La portion contributive de chaque commune aux travaux qui intéressent plusieurs communes.

ART. 198.

Le conseil général peut être consulté par le gouverneur,

1° Sur les améliorations à introduire dans le régime intérieur de la colonie, et spécialement dans le régime des esclaves;

2° Sur les mesures à prendre pour favoriser le commerce et l'agriculture.

ART. 199.

Le conseil général est spécialement chargé de signaler les abus à réformer, les économies à faire, les améliorations à introduire, et d'exprimer ses vœux sur ce qui peut accroître la prospérité de la colonie et intéresser le bien de notre service.

ART. 200.

Il a le droit de demander communication de toutes les pièces et documents relatifs à la comptabilité.

10.

Il peut aussi réclamer les autres renseignements qu'il juge propres à éclairer ses délibérations. Dans ce dernier cas, le gouverneur décide s'il sera fait droit aux demandes du conseil.

ART. 201.

Le conseil général désigne, à la fin de chaque session, deux de ses membres qui, dans l'intervalle d'une session à l'autre, sont appelés par le gouverneur pour siéger au conseil privé, lors de la discussion des projets d'ordonnances, d'arrêtés et règlements.

ART. 202.

§ 1er. Le conseil général procède à la présentation de six candidats parmi lesquels nous choisissons un député et un suppléant, qui doivent résider près de notre ministre de la marine et des colonies.

§ 2. Les fonctions du député sont de donner des explications sur les divers objets des délibérations du conseil, et d'en suivre l'effet; comme aussi de faire valoir auprès du gouvernement de la métropole les réclamations particulières que les habitants de la colonie peuvent avoir à former.

§ 3. Le conseil général vote la quotité du traitement attribué au député pour la durée de ses fonctions. Ce traitement est fixé définitivement par nous.

Les fonctions de suppléant sont gratuites, hors le cas de vacance de la place de député.

§ 4. La durée des fonctions du député et du suppléant est égale à la durée des fonctions du conseil général qui les a proposés.

Toutefois, lorsqu'il y a lieu à remplacement, ils continuent à exercer jusqu'à l'installation de leurs successeurs.

Ils peuvent être réélus.

ART. 203.

§ 1er. Le président du conseil général remet au gouverneur, à la fin de chaque session, les procès-verbaux des délibérations du conseil, et en adresse directement une expédition au ministre secrétaire d'État de la marine.

Une autre expédition est adressée au ministre par le gouverneur, avec l'avis du conseil privé. Le gouverneur y joint ses observations.

§ 2. Notre ministre de la marine nous présente annuellement un compte analytique des délibérations du conseil général.

ART. 204.

§ 1er. Le conseil général correspond, pendant la durée de ses sessions, avec le gouverneur et le député de la colonie, par l'intermédiaire de son président.

§ 2. Toute autre correspondance lui est interdite.

ART. 205.

Un règlement particulier détermine le mode de délibération du conseil général, l'ordre à suivre dans ses travaux, et la police de ses séances.

TITRE VIII.
DISPOSITIONS DIVERSES.

ART. 206.

Les dépendances de l'île de la Guadeloupe sont : l'île de Marie-Galante, les îles des Saintes, l'île de la Désirade, et la partie française de l'île de Saint-Martin.

ART. 207.

§ 1er. Les chefs de ces divers établissements sont placés sous l'autorité du gouverneur. Ils reçoivent ses ordres et lui rendent compte.

§ 2. Ils correspondent avec les chefs d'administration, qui leur transmettent les ordres du gouverneur sur les différentes parties du service dont ils sont respectivement chargés.

§ 3. Ils adressent au gouverneur, à la fin de chaque semestre, un rapport détaillé sur la situation des établissements qu'ils administrent.

Ce rapport est transmis à notre ministre de la marine et des colonies, après avoir été soumis à l'examen du conseil privé.

§ 4. L'action du contrôle s'étend sur le service administratif des dépendances de l'île de la Guadeloupe.

ART. 208.

Le conseil privé connaît de toutes les affaires de sa compétence qui ont rapport à ces établissements.

ART. 209.

Une ordonnance spéciale réglera tout ce qui concerne le commandement et l'administration des dépendances de la Guadeloupe.

Ce travail sera préparé par le gouverneur en conseil, et adressé à notre ministre de la marine, qui prendra nos ordres.

ART. 210.

Les dispositions des lois, édits, déclarations, ordonnances, règlements, décisions et instructions ministérielles, concernant le gouvernement et l'administration de l'île de la Martinique, et de l'île de la Guadeloupe et de ses dépendances, sont et demeurent abrogées en ce qu'elles ont de contraire aux présentes.

ART. 211.

Notre ministre secrétaire d'État de la marine et des colonies est chargé de l'exécution de la présente ordonnance.

Donné à Paris, en notre château des Tuileries, le 9ᵉ jour du mois de février, l'an de grâce 1827, et de notre règne le troisième.

Signé CHARLES.

Par le Roi :

Le Pair de France Ministre Secrétaire d'État de la marine et des colonies,

Signé Cᵗᵉ DE CHABROL.

TABLE DES MATIÈRES.

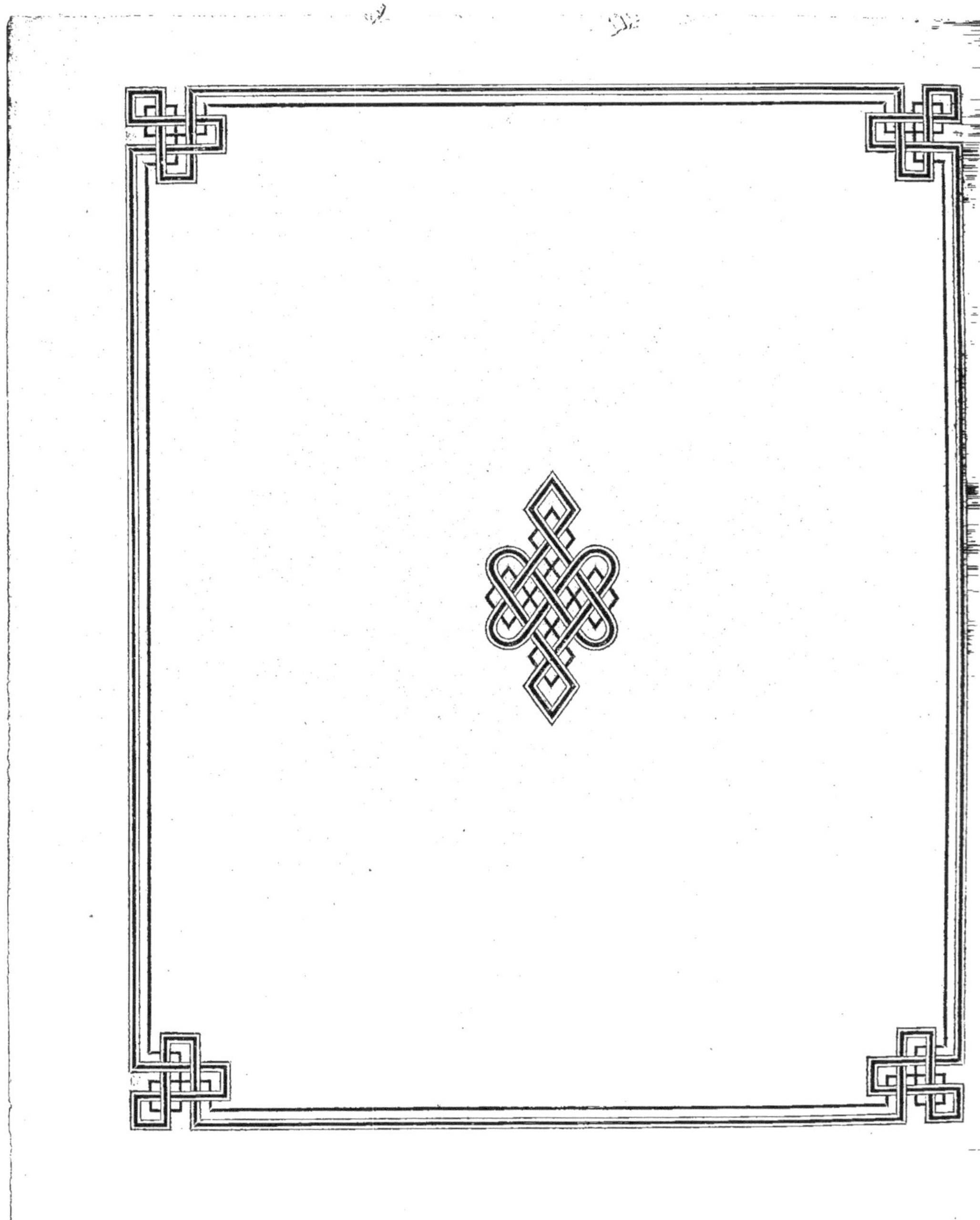